ESCRAVO BERNARDINO

ESCRAVO BERNARDINO

VERA LÚCIA MARINZECK DE CARVALHO

Espírito Antônio Carlos

LÚMEN EDITORIAL

Escravo Bernardino
pelo espírito Antônio Carlos
psicografia de Vera Lúcia Marinzeck de Carvalho

11ª edição - fevereiro de 2005

Direção editorial: Celso Maiellari
Preparação de originais: Valeska Perez Sarti
Revisão: Sérgio de Moura Santos
Capa: 6B Estúdio
Projeto Gráfico: Ricardo Baddouh
Fotolitos de Capa: Postscript
Fotolitos: Fototraço
Impressão e acabamento: Gráfica Palas Athena

LÚMEN EDITORIAL
Rua Espírita, 64
São Paulo - SP
CEP 01527-040
Tel./Fax: (0xx11) 3207-1353

visite nosso site: www.lumeneditorial.com.br
fale com a Lúmen: atendimento@lumeneditorial.com.br
departamento de vendas: comercial@lumeneditorial.com.br
contato editorial: editorial@lumeneditorial.com.br

2005

Impressão no Brasil — Printed in Brazil

Sumário

Introdução

O tempo da escravidão no Brasil é ainda recente. Cento e poucos anos separam dessa época, onde houve tantos amores e muitos ódios. Sentimentos de laços fortes que se perpetuam em nossos dias. Ódios que geraram vinganças e obsessões dolorosas. Acontecimentos que marcaram todos nós, espíritos, que por mais de uma encarnação estamos no solo, tão amado, brasileiro.

Apresento-lhes uma história verdadeira e espero que não só se distraiam com o meu relato, mas eduquem-se também, instruam-se, levando a perdoar e amar a todos como irmãos.

Certamente, os tratamentos eram outros naquela época, e os escravos falavam de modo peculiar. Também os termos que uso, muitos não eram conhecidos naquele tempo, mas achei educativo empregá-los para substituir os termos que usavam e que muitos, ao ler, desconheceriam. Para facilitar a leitura escrevo como se a história acontecesse neste final de século.

História de um amigo, mas poderia ser de qualquer um de nós. Quem pode dizer que não possui uma história que poderia transformar em romance? Seja desta encarnação, seja de nosso passado? Creio que todos nós temos uma história e, por ser nossa, é deveras interessante.

Antônio Carlos
São Carlos – SP – 1993

I
Recordando

Estava amarrado, bem amarrado num tronco. Tinha muitas dores físicas e estava humilhado e envergonhado.

As chicotadas começavam. Estalavam zumbindo no ouvido. A primeira me pareceu separar-me em dois. A dor era muita, uma mistura de ardido e dor de cortes me fez gemer alto. Era como se o fogo me queimasse. Duas... três... Contei até cinco, depois tentei de todo sufocar meu grito de amargura, dor de terror. Mas não foi possível evitar os gemidos. Minha cabeça rodou e desmaiei.

Meio tonto vi que outros negros me desamarraram do tronco e me carregaram, ensopado de sangue. Estava sem camisa, minhas calças de algodão cru molhadas, o sangue de minhas costas descia pelas pernas.

Colocaram-me de bruços numa esteira e um preto velho foi cuidar de mim. Primeiro me deu um chá amargo para tomar.

— Tome isto, tirará um pouco de suas dores – disse ele – e começou a limpar minhas costas.

A dor física era grande e a moral era igual.

— Vou curar você.

— Não é melhor me deixar morrer? – respondi com dificuldades. Talvez assim possa ficar perto dos que amo.

— Como está, se morresse e ficasse perto de alguém, não ia fazer bem a ninguém. Se o Pai do Céu não o desencarnou é porque tem que ficar aqui. Pense, filho, que tem que continuar vivo para o seu próprio bem. Você vai ficar bom.

— Para quê?

— Para cumprir sua missão. Talvez, quem sabe, para aprender a viver e dar valor a sua vida e a dos outros. Descanse. Fique quieto que vou passar um remédio.

Tentei ficar quieto, o remédio doía muito. Os rostos da minha Mara e dos dois filhos meus vieram forte em minha mente. Amava-os. E lembranças surgiram.

Viera da África, do meu lindo país de origem, com oito anos aproximadamente. Lugar onde fui muito feliz, apesar de ter poucas lembranças. Mas tinha muitas saudades daquele tempo feliz, dos meus pais, familiares e amigos. Tempo em que corria livre pelo campo, pelas matas, dos meus banhos pelos rios e cachoeiras. Meu nome era Jada, era filho do chefe de uma pequena aldeia. Era livre como um passarinho, amava a vida, amava correr e brincar com outros meninos da tribo.

Mas um dia tudo acabou, fomos atacados pelos homens brancos que sem dó e piedade vieram atirando com suas poderosas armas. Nada se pôde fazer. Bem que nossos guerreiros tentaram, mas foram mortos impiedosamente. Vi morrer meu pai, minha mãe, meus avós e muitos amigos. Jovens e crianças maiores foram presos. Era grande e forte para minha idade, fui separado com um grupo e amarrado, bem amarrado, fomos obrigados a andar. Segui-os ao curso do rio, todos sabiam que ia dar no mar. Andamos dias e os brancos não nos deixavam conversar. Curioso, indaguei ao companheiro ao meu lado – era um garotão forte e valente com quinze anos:

— Onde vamos? Será que iremos pelo mar?

— Não sei ao certo para onde vamos. Pelo visto não é perto. Já distanciamos muito da aldeia e se vamos pelo mar é porque é longe.

— Calem-se! – um branco disse e deu uma chicotada no rosto dele, que ficou marcado e sangrou. Não entendi o porquê do castigo. Fiquei aborrecido, meu companheiro apanhou por minha causa. Não ousei falar mais. Seguimos calados. Tomava água à vontade, mas alimentávamo-nos pouco.

O mar sempre é bonito, mas ao vê-lo naquele dia em que chegamos me deu um aperto no coração. Ele parecia ser a causa da separação de uma vida feliz e livre que levávamos.

Fomos jogados no porão de um navio com muitos outros negros. Estávamos amontoados. Minha irmã Maã, de treze anos, era muito bonita e bondosa; procurou ter calma, acalmar a todos e reuniu para perto de si os membros, que ali estavam, da nossa aldeia. Assim ficamos perto de conhecidos. Mas não deixava de indagar com muita dor:

"Por que tudo isto? Para onde vamos? Que será de nós?"

Eram perguntas que todos nós fazíamos sem respostas. Chorava muito a morte dos meus pais e de todos que vi morrer.

Fizemos uma viagem horrível, comíamos pouco, estávamos amontoados. Vi com muita tristeza muitos amigos e companheiros de infortúnio morrerem doentes, outros espancados. Mulheres violentadas pelos homens brancos e algumas mortas, como minha irmã, Maã. Todos os dias, vinham homens e escolhiam meninas e mocinhas e as levavam para cima do navio. Às vezes, escutávamos os gritos delas, quando voltavam estavam feridas, sangrando e sem roupas. Os mais velhos cuidavam delas. Algumas não regressavam. Como me disse depois uma mocinha que havia subido com minha irmã:

— Maã morreu nas mãos dos brancos. Eles a jogaram no mar.

Com a morte dela, tudo ficou mais triste ainda, ela era um anjo de consolo; chorei muito, quando a desamarraram e a levaram, e ela não voltou mais.

Depois de algum tempo (nunca soube calcular quanto durou esta viagem de horror, que meus olhos inocentes e infantis viam tudo sem entender, horrorizados) chegamos a terra, mas bem diferente daquela que fora meu lar. Descer do navio foi um alívio a todos nós. Pelo menos podíamos respirar melhor, andar e ficar livres daquele incômodo balanço. Mas estávamos muito bem amarrados; deixamos o navio, andando com dificuldades. Entramos num grande galpão, onde fomos desamarrados, mas estávamos muito vigiados e lá ficamos trancados. Pudemos tomar banho e fomos obrigados a vestir roupas, os homens calças e as mulheres vestidos, e, depois, fomos alimentados. Pudemos conversar à vontade. Indaguei aos mais velhos:

— Será que seremos separados? Voltaremos um dia para nossa pátria?

— Será sorte ficarmos juntos – disse um jovem guerreiro, mas um dos mais velhos do grupo. – Quanto a voltar a nossa pátria não creio, só depois que o corpo morrer.

— Que tristeza! – suspirou uma jovem.

A comida era diferente da que estávamos acostumados, mas estava gostosa e pudemos comer pela primeira vez, desde presos, à vontade. Comi bastante. Logo no outro dia fomos acorrentados e levados a um local onde havia muitas pessoas e ali ficamos.

— É melhor ficarmos quietos – disse Anon, um jovem valente da nossa tribo. – Acho que não vamos ser livres mais. Não sei o que nos espera, mas é melhor ter calma.

— Nem com bichos fazíamos isto! Somos piores que bichos? – disse uma jovem tristemente.

— Calem a boca!

Conversávamos em nossa língua, não entendíamos a dos brancos e nem eles a nossa. Mas já sabíamos que esta frase que tanto já ouvíamos era para ficarmos quietos.

Ali ficamos e muitos brancos nos olhavam. Entendi que nos comercializavam. E um por um foi sendo separado e foi embora. Chegou a minha vez. Comecei a chorar, quando um branco começou a me examinar, olhando os meus dentes. Era o Sr. Ambrózio. Dei um pontapé nele e ganhei uma forte bofetada, o sangue escorreu pelo meu rosto magro. Quietei, fui separado de todos que conhecia, dos meus irmãos de sangue e de aldeia. Com outros negros desconhecidos fui levado para uma carroça e seguimos para a fazenda. Assustado, acomodei-me na senzala e recebi o nome de Bernardino.

— Que sou agora? – indaguei amedrontado.

Ninguém me entendia, foram buscar um preto que sabia falar muito mal minha língua. Foi ele que me respondeu como também quem me ensinou a falar a sua língua.

— Você é agora um escravo, uma propriedade do senhor de fazenda.

— Como um animal?

— Pior, os animais são mais bem tratados.

— Meu Deus!

Nunca mais saí da fazenda. Cresci, não passei mais fome, fiz amizades, aprendi a falar a nova linguagem e a trabalhar, servir aos brancos.

Com dezoito anos acasalei com Mara, então com quinze anos. Acasalei, digo isto porque os negros não casavam, passavam a viver juntos. Mara era muito bonita. Nós nos amávamos. Tínhamos sentimentos que a maioria dos brancos ignorava. Éramos tachados de diferentes, só pela cor de nossa pele. Éramos escravos, só por sermos negros.

"Somos bichinhos que dão lucro aos nossos senhores!" Escutava sempre este comentário. De fato eles faziam da nossa vida o que queriam.

Por três anos vivemos Mara e eu felizes nos nossos sonhos de jovens.

— Queria ser livre e branco – dizia –, queria ser empregado e ter uma casinha para nós.

— Talvez um dia a tenhamos, Bernardino – dizia Mara. – Sonho sempre que estamos numa casinha, numa fazenda bonita e rodeados de filhos.

— Não vejo como!

Tivemos dois filhos, um casal. Amava-os demais. Dormíamos todos juntos, cada família num canto da senzala.

Lembrava bem aquela noite, quando as crianças ao nosso lado dormiam e Mara me disse baixinho, muito preocupada:

— Bernardino, escutei hoje, na cozinha, o Coronel dizer ao Sr. Ambrózio que, se as coisas continuarem assim, ruins, vai ter que vender muitas coisas por aqui na fazenda. Tenho a impressão de que estas coisas somos nós.

— Calma, Mara, vamos dormir!

— Não posso, temo só em pensar o que nos poderá acontecer.

Mara quietou e fiquei a pensar. Coronel era nosso dono, havia herdado a fazenda de seu pai fazia três anos, quando este falecera. Quando se viu dono, o Coronel começou a beber demais e a jogar, gastando muito dinheiro. Era o Sr. Manoel, o administrador, que tomava conta da fazenda. Ele mesmo não cuidava de nada, só em gastar. Sr. Ambrózio era um capataz, homem bom, honesto, empregado de confiança. E esta conversa que Mara escutou era para preocupar realmente, porque a fazenda era de lavoura de café e este já fora vendido, como também alguns cavalos e gado. Os animais que ficaram eram só os indispensáveis à fazenda. Estas coisas que ele disse bem podiam ser a gente. Senti um medo horrível de sermos vendidos separados. Estava com vinte e um anos, amava a vida e queria ser feliz ou pelo menos que continuasse a ser como era. Achava ruim ser escravo, dormir na senzala, trabalhar muito, mas sabia que havia outras formas de viver pior; não reclamava e estava bem com Mara, os filhos e amigos.

Levantei a cabeça, Mara dormia, passei a mão pelos seus cabelos, olhei os filhos.

"Amo-os muito, quero-os mais que a mim mesmo!"

Tentei não pensar mais, logo teria que levantar para trabalhar. Acabei por adormecer.

— Bernardino, levanta!

Era Mara me acordando, sorrindo. Levantei e juntos com os outros companheiros fomos para a lavoura. Eram umas dez horas da manhã, quando o Sr. Ambrózio me pediu para voltar à fazenda. Vi que ele mandou também a outros que voltassem à sede.

Cheguei ao pátio e lá estavam vinte companheiros. Olhamos um para o outro sem saber o que acontecia. Cheguei a pensar que podia ser algo de errado que alguém fez. Até mesmo para receber alguma ordem diferente. Mas sem nos explicarem, dois homens brancos que desconhecíamos nos apontaram as armas e os empregados da fazenda nos acorrentaram os tornozelos e punhos. Fomos colocados em dois carroções.

— Aonde vamos? Por Deus, que está acontecendo? – João perguntou aos gritos. Januário, um empregado cínico e mau, antipatizado por todos nós, respondeu sorrindo:

— Vão à feira, vão ser vendidos!

Um grito rouco, abafado, saiu do meu peito, acho que todos gritaram desesperados. Ali estavam os melhores escravos da fazenda e separados de suas famílias; íamos embora sem ao menos despedir-nos. Vendo meus companheiros gritarem e chorarem, indaguei aflito, quando as carroças partiram rumo à cidade:

— Por quê? Por que nos separamos da família?

— Família? – disse Januário, rindo do nosso desespero. – Vocês não têm família, têm ninhadas.

Ao passar a porteira da fazenda, desesperei-me mais, meus olhos assustados olhavam tudo com agonia. Ninguém saiu da senzala ou da casa-grande para nos ver partir. Acho que fizeram tudo sem que ninguém soubesse. Nossos gritos só os negros da casa-grande ou os que estavam perto podiam ter escutado, pois os restantes estavam na lavoura. Mara estava na cozinha da casa-grande, mas foi impedida, juntamente com as outras, de sair para ver o que acontecia. Acalmei-me, ou pelo menos tentei me acalmar. Esforcei para me soltar, vi que era impossível, com o esforço que fiz só me machuquei. Chorei baixinho e fiquei quieto, acho que todos pensavam assim. Só alguns mais revoltados xingavam, praguejando contra o sinhô Coronel. Todos ali sofriam muito. Não conhecia outro lugar, já que pouco lembrava do meu lar na terra distante. Era ali na fazenda que vivia, era ali que estavam meus amigos e família. A fazenda ia desaparecendo dos meus olhos e sentia uma imensa dor. Aí lembrei-me de um fato e gritei:

— Sr. Ambrózio! Sr. Ambrózio!

Sr. Ambrózio ia a cavalo, não muito longe da carroça, estava triste. Atendeu meu chamado e aproximou-se.

— Sr. Ambrózio, o Coronel me deve um favor. Salvei sua vida naquele dia, impedindo-o de cair do cavalo. Não podem me vender assim, separando-me de Mara e dos meus filhos.

— Bernardino, foi o próprio Coronel que escolheu os escravos a serem vendidos. Ele mandou, nós obedecemos.

Lembrei-o deste fato, mas ele ordenou que você também estivesse na lista. Não quis nem ver vocês e nem dar explicações. Só mandou.

— Não seria melhor ele vender a fazenda com tudo dentro? – indagou Jeremias.

— Acha que com a venda de vocês não precisará vender a fazenda. Vocês devem valer um bom dinheiro – respondeu Sr. Ambrózio de cabeça baixa.

— Miserável! Hei de vingar-me dele! – disse Jeremias, um negro meu amigo, que também deixava na fazenda mulher e oito filhos. Um outro companheiro indagou:

— Como? Nem se salvar você pode! Ainda mais vingar.

— Irei morrer um dia, não irei? Se não puder fugir do lugar aonde irei, me suicidarei e virei atrás deste infeliz e do Januário, este malvado. Vingar-me-ei deles mortos, ou, quando eu morrer e eles estiverem vivos nos corpos, ficarei para judiar deles, como estão fazendo agora conosco.

— Infeliz somos nós! – disse um outro.

— Ele será também, nesta vida ainda de preferência, ou quando morrer, até se nascer de novo. Não descanso, não sossego, até que me vingue.

— Estou com você – disse o outro – me vingarei também. Se ele é capaz de fazer uma maldade desta e Deus permite, o Pai Maior também permitirá que nos vinguemos dele. Há de sofrer, o danado!

Sr. Ambrózio nada disse, afastou-se de novo. Comecei a chorar alto, inconformado, e a implorar piedade. Outros também o fizeram.

Lembrei-me do dia em que salvei o Coronel. Tinha sido tempos atrás. Seu pai ainda era vivo. O Coronel havia saído montado num cavalo bravo. Seu pai me mandou ir atrás dele. Sempre gostei de animais e cuidava deles com facilidade e presteza. Era a pessoa indicada para dominar animal. Peguei um bom cavalo e fui a galope para onde tinha ido o Coronel. Logo que o vi, o cavalo inquieto não lhe obedecia e ele tentava equilibrar-se com dificuldades. Usando um velho truque, fiz o cavalo dele me seguir e fechei-o num barranco. Pulei do meu cavalo, segurei as rédeas. O coronel conseguiu descer, branco de susto. Desmaiou, mas não se machucou. Por uns tempos fui um herói. Ganhei roupas e algumas regalias. Agora tudo esquecido, mandavam me vender como um cavalo.

❖ ❖ ❖

— Dói muito, meu filho?

O preto que cuidava de mim me perguntou, fazendo-me parar de pensar.

— Sim, dói...

— Calma, cuido de você. Por que fugiu?

Não respondi, o velho me vendo pensativo não indagou mais e continuou a cuidar das minhas costas. Voltei às minhas recordações.

II
A venda

Chegamos à feira, novamente a vi, dessa vez observei-a bem. Agora entendia o que era que se passava naquele local. Ali comerciavam alimentos, animais e escravos.

— Negros nojentos! – disse uma mulher, cuspindo de lado com ar de nojo.

— Serão bons escravos? – disse um senhor, observando.

— Este parece dócil! – disse uma mulher, com olhar estranho.

— Queria ver este puxando o arado.

Eram muitos os comentários que escutávamos das pessoas que passavam examinando-nos.

Estávamos amarrados uns aos outros, vigiados pelos capatazes. Começou o leilão, fomos exibidos, faziam com que mostrássemos nossos dentes. Diziam nossa idade e nome.

Fiquei por último, vendo com o coração apertado e com grande dor moral meus amigos sendo vendidos e partindo, sem coragem de se despedirem. Chegou a minha vez.

Era forte, tinha dois metros e três centímetros, ombros largos, traços delicados como dos brancos. Tinha a cor mulata, marrom-escura e com uma grande pinta preta na testa, de uns dois centímetros de diâmetro. Lances foram dados e fui vendido bem caro. Não fiquei junto de nenhum companheiro da fazenda. Senti-me mais sozinho ainda.

Segui meu novo capataz, amarrado por correntes nos pulsos, tornozelos e no pescoço. Era horrível, as correntes me machucavam, dificultando até a respiração.

O capataz não era de muita prosa, mas respondeu às perguntas que fizemos, meus companheiros, quatorze negros, e eu. Todos adquiridos na feira.

— Para onde vamos?

— Para a fazenda Capão Alegre. Vamos construí-la.

— Não tem nada lá?

— Só mato, mas com vocês trabalhando, logo estará construída e bonita.

Nós fomos no começo por uma estrada, depois pelo campo. Havia lugares em que era preciso abrir caminho para as carroças passarem. Ia um capataz a cavalo e outros dois guiando as carroças onde estávamos com alguns materiais de trabalho e mantimentos. Chegamos após um dia inteiro de viagem. Fomos conversando. Embora triste, conversei e contei a eles minha história. Todos tinham histórias tristes para contar. Ali estávamos todos separados da família. Alguns por castigo, outros vendidos simplesmente pela vontade dos donos.

Chegamos ao meu novo lar. Era um lugar feio. Comparado com a outra fazenda era muito triste. Todos nós estávamos assustados. Nessa fazenda nada havia, estava tudo para construir. Descemos das carroças e foi tirada a corrente do pescoço o que nos deu certo alívio. Acampamos perto de um poço d'água onde pudemos tomá-la à vontade e nos foi servida uma comida que eles trouxeram. Comemos pouco e fomos dormir, porque já anoitecia. Dormimos ao relento. No dia seguinte, logo que o sol despontou, escutamos a ordem:

— Ao trabalho! Vamos construir aqui uma grande fazenda.

Começamos a fazer a senzala. Ali estavam só homens, nós é que fazíamos nossa comida. A ração era pouca e nos alimentávamos mal. Ficamos acorrentados só pelos tornozelos, a corrente entre um e outro era de três metros. Assim, não podíamos distanciar uns dos outros. Éramos vigiados por dois capatazes durante o dia e, à noite, pelo outro. De vez em quando uma carroça com mantimentos vinha nos sortir e logo partia. Não éramos castigados, ninguém levou chicotadas, mas nos alimentávamos pouco e de comida de má qualidade. E a saudade castigava. Quando trabalhávamos, não era permitido conversar, mas parávamos o trabalho logo à tardinha e podíamos conversar à vontade.

— Estou aqui – disse Onofre – sendo castigado no lugar do meu filho. Ele roubou, foi descoberto, ele tem filhos pequenos. Eu sou viúvo e só tenho filhos grandes. Assumi a culpa no lugar dele.

— Arrepende-se? – indaguei.

— Não, aqui é ruim e sofro, mas não me arrependo. Fiz e está feito. Só espero que meu filho crie juízo e não roube mais.

Marcílio também nos fala de sua vida.

— Estou aqui por olhar para a Sinhá. Ela é moça bonita. Gostava de vê-la. O Sinhô soube e me vendeu. Como ousava um negro olhar, cobiçar uma branca? Deixei minha mãe e meu pai chorando. Acho que não vou mais vê-los.

Tornamo-nos amigos, todos sabiam logo um da vida do outro. Ficava desesperado por não saber o que estaria acontecendo com Mara e as crianças. "Será – pensava – que estariam ainda na fazenda? Foram separados?" Aceitava a situação só por eles, só pela esperança de estarmos juntos novamente. Sabíamos que não tínhamos por enquanto como fugir. Para esquecer a dor da saudade, trabalhava bastante.

Ali ninguém conhecia a fazenda de onde vim, por isso não sabia se estava longe ou perto. Calculava que não era longe.

Era difícil também calcular o tempo. Trabalhávamos todos os dias sem descanso. A senzala ficou pronta e começamos a fazer o galpão. Começamos a sentir fraqueza, resultado da má alimentação. Até que um dia, Pedro não levantou.

— Estou passando mal. Acudam-me... Minha Dita, meus meninos... Ai... Ai...

Foram suas últimas palavras. Logo em seguida morreu. Choramos sua morte, e pensei: "Será que agora irá rever sua família? Será que poderá ficar com eles?"

Naquele mesmo dia outros começaram a ficar doentes, a sentir o que Pedro sentiu. Febre, vômitos, diarréia e dores pelo corpo. Os capatazes ficaram com muito medo. Eles nos trancaram dentro da senzala, a que nós mesmos construímos, e foram embora.

— Vamos atrás do patrão. Vocês ficam aqui.

Estava fraco, tinha emagrecido muito, quase todos ficavam doentes. Comecei a sentir o efeito da estranha doença. Ficamos presos durante três dias, sem comer e com pouca água. Mais dois escravos morreram. Nosso Sinhô, o patrão, veio. Mandou abrir a senzala, soltou-nos, deu-nos alimentos mais fortes, remédios e chás de ervas. Melhoramos, ele mandou nos vender.

— Vão ser vendidos, preciso de escravos sadios e fortes para construir esta fazenda. Vocês, fracos e doentes, não servem para nada.

E lá fomos novamente acorrentados. Detestava a corrente no pescoço, muito maltratava e me feria. Mudei muito no tempo daquela fazenda. Parecia outro, magro, abatido e triste.

Novamente na feira, fui separado dos outros e fiquei mais uma vez sozinho. Fui levado e parti para outra fazenda.

Essa fazenda era perto da cidade. Logo que chegamos fui encaminhado à senzala. Ficar livre das correntes foi um alívio. Curiosos os outros negros se aproximaram de mim.

— Como se chama?

— Bernardino.

— Foi vendido por quê?

— Porque o dono da fazenda, o Sinhô, faliu. Alguém aqui já ouviu falar da fazenda Santa Clara?

— Eu já ouvi. Você veio de lá? Fica uns dois dias de viagem a pé daqui. Ouvi este fato, escutei comentários. O Sinhô faliu e vendeu tudo.

— Pra que lado fica?

— Ah, isto não sei dizer não – comentou um negro de olhar esperto.

Os escravos ali pareciam viver bem, eram sadios e bem-alimentados. Tomei banho, ganhei roupas e comi bastante. Deixaram descansar na senzala por três dias, depois foi-me dado trabalho. Ia para a lavoura trabalhar com café. Não era amarrado, mais muitos capatazes nos vigiavam atentos.

Comecei a trabalhar, logo um dos companheiros avisou:

— Não, assim não, homem de Deus, mais devagar. Veja, é assim como faço. A passo lento, tem o dia todo pela frente. Devagar, senão cansa logo. E se trabalhar assim, logo um dos capatazes nos obrigará a seguir seu ritmo.

— Obrigado. Farei como você.

Sorri agradecendo. Percebi que todos trabalhavam cadenciado. Olhei em volta curioso, observando tudo. Não seria difícil fugir dali. Deveria economizar forças para quando chegasse a ocasião propícia. Forças para correr e ganhar liberdade. Passei a alimentar meu sonho de fuga. Engordei, não estava tão abatido, mas estava muito triste e saudoso. Não tinha muita disposição para conversar, respondia somente às indagações feitas diretamente a mim. Nos domingos não trabalhávamos. Nós nos reuníamos, como também algumas vezes, à noite, na frente das senzalas, para conversar, cantar e até dançar. Às vezes, sentava perto deles, mas só escutava, não conversava; chorava, sempre escondido, de saudade.

A idéia da fuga ia tomando forma na minha mente. Planejei tudo com cuidado e aguardava ansioso por uma oportunidade. Esse dia chegou. Chovia muito e os capatazes esforçavam-se para proteger-se nos capotes. A caminho da lavoura, consegui me esconder numa moita de capim. Nem os outros companheiros viram. Temi que algum deles pudesse me denunciar. Quando me vi longe dos olhares dos capatazes, corri para o mato. No mato comecei a andar com cuidado. Fugi de manhãzinha e logo a noite chegou. Estava cansado, com muita sede, faminto e cheguei à triste conclusão que estava perdido. Arrependi-me. Para fugir deveria saber para onde. Não conhecia a região e não sabia aonde ir. Depois, fugir de quê? Como poderia fugir da minha cor? Ser negro era ser escravo, nesta fazenda ou em outra, ou na cidade. Mas a vontade de chegar até Mara e as crianças me dava forças e continuava a andar, a correr.

Passei a noite debaixo de uma árvore. Logo pela manhã vi um riachozinho que estava num local mais aberto. Olhei por todos os lados, não vi ninguém, resolvi tomar água. Saí da mata e caminhei até o riacho. Abaixei-me para tomá-la e tomei com gosto. Quando levantei a cabeça, estava cercado por um bando de brancos. Reconheci, entre eles, dois feitores da fazenda, os outros eram capitães-de-mato, pessoas que trabalhavam só na captura dos escravos que fugiam. Esperavam-me ali, talvez já acostumados em prender os fujões ao beber água, pois era ali o único local a ter água na mata.

— Achamos fácil este imbecil!

— Negro fujão! Levará um bom castigo! – comentaram rindo.

Amarraram-me pelo pescoço com corda, que era pior que corrente e me fizeram andar. Caí muitas vezes, eles riam, gozando e ameaçando-me com terrível castigo. Pensava amargurado – Que castigo teria ainda? Humilhado, amarrado, obrigado a andar com dificuldade, fatigado e envergonhado por ter sido apanhado facilmente e ter desfeitos meus sonhos de reencontrar os meus. Já não era castigo bastante?

Caí novamente, tudo rodou; não consegui enxergar mais nada, senti que estava com febre. Quando voltei do pequeno desmaio, um dos capatazes, com dó, me colocou na garupa do seu cavalo. Logo chegamos à fazenda. Era quase noite, o castigo deveria ficar para o outro dia e diante de todos os escravos da fazenda.

Os escravos faziam os seus comentários, uns achavam certo e merecido o castigo, era um fujão. Outros tinham pena e achavam que deveria ter um motivo para fugir. Mas o castigo deveria servir de exemplo a todos.

Tiraram a corda do meu pescoço, fui amarrado pelas mãos num canto da senzala. Tinha muita sede e fome. Foi proibido me dar água ou alimento. Mas, no meio da noite, escondido, Tião me deu água, bebi com gosto. Passei aquela noite variando, ora parecia que fugia, ora que recebia o castigo. De manhãzinha, fui levado ao tronco e diante de todos os negros da fazenda o castigo começou.

Minhas lembranças acabaram. Olhei para os que me cercavam. Eram alguns negros curiosos, Tião e uns garotos. Estava num canto da senzala, quase deserta aquela hora. Foram todos trabalhar. Os negros que ali estavam iam sair com o capataz para outro local e esperavam ser chamados.

— Você é mais fraco que parece! – disse um deles.

— Como está machucado! – disse um outro me olhando bem.

— Por que fugir? – indagou um dos mais velhos.

Não respondi, não estava a fim de falar. O preto velho, Tião, que cuidava de mim, disse com dó:

— Tenha juízo, Bernardino. Ninguém consegue fugir de si mesmo, de sua cor. Aqui, como ali, somos cativos. Ninguém consegue fugir daqui. A fazenda é bem guardada, cercada de morros e não se tem água fácil.

Um moleque, que escutava com atenção, exclamou:

— Por quê? Por que somos escravos? Não é justo! Tenho horror por ser negro escravo. Nem fugir poderei! Por que tudo isto?

Tião respondeu calmo, com olhar tranqüilo:

— Um dia será diferente, os negros vão ser livres, mas penso que haverá sempre distinção pela cor. Pretos hoje, brancos amanhã; brancos hoje podem vir a ser pretos amanhã. É a lei.

— Tião – respondeu o moleque –, o senhor fala tão estranho, e com tanta certeza... Se eu morrer e nascer, como você diz, branco, e o capataz João, negro, então será minha vez de bater nele.

— Não, meu menino, não é assim. Devemos perdoar a todos e a todo mal. É por não perdoar que ficamos neste círculo vicioso e de sofrimentos.

— Perdoar, não perdôo não. Meu pai morreu e foi ele quem o matou. Ah, se eu nascer branco noutra vida e ele negro, vai sofrer nas minhas mãos, vingarei até da sua surra, Bernardino. E você, negro fujão, perdoa ou não?

Esforcei para responder.

— Acho que mereci o castigo, fui um tolo em fugir sem um plano. Não sei, não tenho raiva de ninguém.

— É isto mesmo, Bernardino – disse Tião me animando. – E você, menino, não deve pensar assim. O ódio é mau companheiro.

O moleque balançou os ombros e saiu de perto. Estava com muitas dores, mas escutei a conversa com interesse. O que o velho Tião disse não me pareceu absurdo. Queria falar, indagar, mas estava ficando mole. Estar passando tudo aquilo, era porque deveria ter sido mau em outras vidas. Engraçado que as sentia, tinha certeza dessas outras existências. O remédio fez efeito e adormeci.

Acordei com Tião me olhando preocupado. Logo veio o Sinhô. Era um homem velho, porém forte e sadio. Olhou-me examinando. Estava deitado de bruços, sentia tudo girar, a cabeça doía tanto quanto as costas.

— Responda, escravo! Pode falar?

Afirmei com a cabeça.

— Onde você estava tinha escravos doentes com peste?

— Peste não, mas doente sim. Foram muitos a adoecer.

— Você ficou doente?

— Sim, mas sarei logo.

— Que barbaridade! – exclamou o Sinhô, indignado e zangado. Vender escravos doentes!

— Mata? – indagou um capataz.

Estremeci, não queria morrer. Tião veio em meu auxílio.

— Não, Sinhô, não manda matar, não. Eu cuido dele. Posso? Poderei levá-lo para a cabana perto do riacho. A febre pode ser só pelos ferimentos.

— Ninguém fica com febre só porque apanhou. Mas ele também se machucou na fuga. Não sei. Não gosto de fujões! Mas... – Passou a mão sobre a barba e me olhou novamente. — Está bem Tião, leve-o e trate dele, não deixe ninguém chegar perto. Leve a esteira e tudo que ele tocou.

— Obrigado, Sinhô – disse Tião. – Vamos, Bernardino, levanta, ajudo você.

Tião tratou de cumprir as ordens. Quase não conseguia andar, foi ele que me arrastou para a cabana do riacho. Não era longe, mas para mim parecia distante demais. Quando chegamos, estávamos ofegantes e suados. Tião me acomodou na esteira, senti alívio por estar deitado. A cabana era pequena, era um bom abrigo. Deu-me remédios e passou ervas nas minhas costas. Sentia muita fraqueza, a febre fazia delirar; então sentia tudo girar e gritava, chamava Mara e meus filhos. Sofri muitas dores e muita fraqueza, mas no terceiro dia acordei melhor, estava sem febre. Tião estava ao meu lado me olhando sorrindo e me deu água fresca para beber.

— Bernardino, como se sente? Está melhor?

— Sinto melhor sim, obrigado. Deus lhe pague! Se não fosse você... Acho que o Sinhô mandava me matar. E, se não tivesse cuidado de mim, tinha morrido.

— Você está vendo como quase morreu? Primeiro os capatazes costumam matar os fujões e trazê-los mortos e a você não fizeram isto. Não morreu com o castigo, o Sinhô não mandou matá-lo e eu pude ajudá-lo. Viu como escapou da morte? Ela não o quis desta vez e deve ter seus motivos. Não precisa me agradecer, ajudo sempre com gosto. Gosto de ser útil. Mas foi Deus-Pai quem nos ajudou. Você teve muita febre, mas o pior já passou, logo ficará bom. Sou eu quem cuido de todos os doentes por aqui, até os da casa-grande. Não tenho outro trabalho, o Sinhô permitiu que só ficasse a cuidar dos doentes.

— Quem o ensinou? – indaguei interessado.

— Aprendi. Nesta vida, como Tião, recordei fácil com umas lições do meu avô. Aprendi em outra vida, mas não dei valor. Nesta, sim, faço o que me compete com gosto.

— Não tem medo de pegar minha doença, a peste...

Você não teve peste, você está só doente de fraqueza e saudades. Não vai sua doença pegar em ninguém. Você é forte, vai sarar logo. Depois, meu filho, não tenho medo de doenças e nem da morte. A morte me libertará deste corpo velho e cansado; a doença não pega em ninguém que não esteja propício a tê-la, entendeu?

Neguei com a cabeça e Tião continuou a me elucidar.

— Filho, a doença só vem se acha o doente, isto é, a pessoa com predisposição para tê-la, ou a espírito doente. Se você tem que sofrer uma doença, vai tê-la, senão não a terá. Eu não pego sua doença e nem você vai morrer desta.

— Às vezes penso que seria melhor...

— Bobagem, acharia sua família, ficaria junto dela e só os prejudicaria.

— Você diz que os acharei, se morrer, mas amo-os e não quero prejudicá-los.

— Quando a gente morre sem entender o que seja a morte do físico, pode ficar perto das pessoas que amamos vivas no corpo, atrapalhando-as. E depois você verá e eles não a você, porque será um espírito e são poucos que vêem espíritos. Sofrerá muito vendo-os em dificuldades e não podendo fazer nada por eles.

— Há mortos que podem ajudar? – perguntei curioso.

Tião respondia com muita paciência.

— Não se fala mortos, estão vivos sem o corpo de carne e osso. Estão desencarnados. Sim, os bons, com entendimento, podem ajudar, sim, como os maus podem maltratar. Desde garoto que escuto um bom espírito a me falar como tenho de ajudar as pessoas. Gosto muito dele e ele de mim. Somos companheiros trabalhando juntos.

— Não tem medo dele?

— Claro que não, dos bons não se tem medo. Dos maus devemos ser precavidos.

— Você falou que nascemos muitas vezes, é verdade?

— Nosso espírito volta a nascer em corpos diferentes que são formados no ventre da mulher. Sim, nós reencarnamos muitas vezes. Por isso, amigo, nada que nos acontece é injusto. Tudo é certo!

— Aquele neguinho disse que ia se vingar, é possível?

— Sim, Deus nos deu o livre-arbítrio. É errado fazer maldades, também é errado vingar-se.

— Mas quem faz mal fica por isto mesmo?

— Não. Planta-se o mal, colhem-se sofrimentos. Seja você o nosso exemplo. Que fez de mal nesta encarnação para sofrer assim? Certamente está colhendo da má plantação que plantou em outra existência. Vingar também está muito errado, quem vinga planta o mal, sofre junto e responderá pela maldade que fizer na vingança.

Os dias foram passando, melhorei muito, já andava e me sentia bem. Tião sempre cuidando de mim com bondade. Ensinou-me a orar.

— Bernardino, ore como se conversasse com o Pai do Céu. Fale o que vai no coração. Isto é que é oração!

Nestes dias conversamos muito e Tião me ensinou muitas coisas.

— Você, meu filho, tem dons para fazer o que faço. Ensinei você a orar e espero que o faça sempre para tentar ajudar outras pessoas. Se ficássemos mais tempo juntos, poderia ensinar a você o que sei. Mas você terá oportunidades de aprender, basta querer. Você me admira e me é grato. Mas não se pode ficar só na admiração, temos que seguir os bons exemplos.

— Que será de mim, Tião?

— Você ainda terá a relativa felicidade reservada aos encarnados nesta Terra. Reencontrará sua família, terá muitos filhos, viverá numa casinha simples, mas boa. Encontrará pessoas boas, basta para isto ser humilde. Nem todos os brancos sao maus. Não é a cor que nos faz bons ou maus. Tanto há negros e brancos ruins como bons. O que somos é de dentro, do espírito. Espero que você aprenda a ser grato.

No oitavo dia de manhãzinha, Tião ainda não viera me ver, um capataz veio me buscar.

— O Sinhô mandou vender você. Vamos logo.

— Mas, por quê?

— Ele não gosta de fujões.

Amarrou-me só nos pulsos e mais uma vez subi na carroça.

Parti sem despedir de ninguém, nem do meu amigo Tião. Fomos à cidade, só eu e o capataz. Suspirei triste e nada mais falei.

III
Fazenda Sant'Ana

Durante a viagem, me deu um aperto no coração, fiquei mais triste ainda. Novamente ia para um local desconhecido. O que me doía mais era não saber onde estava minha família, isso me agoniava tanto que chegava a me doer fisicamente. Chorei de soluçar. O capataz que me levava nada falou. Escutando chorar, nem me olhou, ignorava-me.

Novamente cheguei à feira. Dessa vez nem curioso fiquei. Fui acorrentado e fiquei quieto onde me mandaram, de cabeça baixa. Escutei que me compraram, mas nem olhei para quem o fez.

— Vem, negro! Vamos para seu novo lar – disse meu comprador.

Não respondi. Achei que a palavra lar era uma ironia. Entrei em outra carroça e partimos. Fui calado, de cabeça baixa, nem olhei para a paisagem. Depois de andar algumas horas, que para mim foram longas, chegamos. Quase caí da carroça ao descer, senti-me tonto. Aí, viram sangue na minha camisa, era dos ferimentos mal-cicatrizados.

— Este escravo está ferido! Chico, leve-o para o galpão e peça à mãe Benta para cuidar dele – gritou o capataz que me comprou e que me trouxe.

O branco, que atendeu por nome de Chico, e outros dois negros ajudaram-me, levaram-me para o galpão que era grande e confortável.

— Sente-se aqui – disse Chico.

Desamarraram-me os pulsos e me tiraram as correntes dos pés.

— Quer água? – indagou um negro.

— Sim – respondi –, estou sedento.

Logo uma preta velha de aspecto bondoso e agradável chegou, ajudou-me a tirar a camisa e se pôs a examinar meus ferimentos.

— Não é nada grave. Foi bem-medicado. Quem cuidou de você fez com carinho. Talvez a viagem tenha feito sangrar os ferimentos. Levou bastante chicotadas! Por que este castigo feio e cruel?

— Por maldade, só por maldade – respondi, preferindo mentir; ninguém gostava de fujões.

— Só por maldade? Tem certeza? É estranho! Sinto que você não é mau. Mas, se for, será vendido novamente.

Deu-me remédios, passou ervas nos meus ferimentos.

— Agora sente-se assim, bem à vontade, não cruze as pernas ou as mãos. Vou benzê-lo. Quer? Pense no Pai do Céu.

Colocou as mãos sobre minha cabeça e, às vezes, descia pelo corpo, orando baixinho.(1) Senti-me bem melhor.

— Agora coma, que deve estar com fome e depois descanse.

Estava realmente faminto e cansado. Senti-me refeito pelo alimento, pois estava quase dois dias sem me alimentar, deitei numa esteira que me indicaram e adormeci. Acordei só no outro dia com Mãe Benta me chamando.

---

(1) N.A.E. – Deu-lhe um passe.

— Acorda, negro! Acorda! Já dormiu demais. Como se chama? Você está ainda bem machucado!

— Chamo Bernardino.

— Bem, vou cuidar de você e ficará novinho, novinho...

Triste abatido, evitava falar, mas Mãe Benta falava por nós dois.

— Foi João quem comprou você, foi à feira só para ver o movimento, para passear. Viu você, ficou com dó e comprou. A nossa Sinhá não gosta da feira e nem de vender ou comprar escravos, mas não achou ruim com João. Dificilmente ela fica brava com alguém. É boa nossa Sinhá.

Um preto velho, um escravo muito idoso, entrou no galpão, curioso, me olhando.

— Este é Tomás, veio ver você – disse Mãe Benta.

— Como vai, filho?

— Agora bem.

Respondia só o indispensável e quando me indagavam. Mas os dois amigos gostavam de falar, conversavam entre si; eu só escutava, sem prestar muita atenção.

Tomás vinha me ver sempre, falava com muito amor da fazenda, dos filhos e dos netos. Um dia indaguei:

— Tomás, já ouviu falar da Fazenda Santa Clara?

— Não. Não fica nesta região, senão sabia.

Percebi que me distanciava cada vez mais da minha antiga morada, de Mara e dos meus filhos.

— Onde estou? Como chama esta fazenda?

— Fazenda Sant'Ana. Um pedaço do céu na Terra – respondeu Tomás orgulhoso.

O galpão ficava aberto, não saía de dentro dele. Mas via dali que de fato a fazenda era muito bonita, era bem grande. Também via dali a casa-grande. Era linda, rodeada de jardins, nos fundos um grande pomar e do lado esquerdo, atrás do galpão, umas trinta casinhas, bem feitas, cercadas com hortas, árvores e flores.

— Que casas são aquelas? – indaguei curioso ao Tomás.

— São casas dos escravos. Aqui não há senzala, cada família mora numa casa.

— Que estranho!

— Por quê? Nunca viu isto? Aqui, meu filho, é o Paraíso dos escravos. Somos muito bem-tratados.

Não sabia quem era meu dono e nem me interessei em saber. Estava saudoso e triste, mas admirei aquela fazenda, onde não havia troncos, pelourinho e os escravos moravam nas casas com suas famílias. No domingo não trabalhavam e os escravos estavam sempre contentes, dançavam e cantavam todas as noites no pátio da frente das casas. Na fazenda havia somente três empregados brancos, o João, Chico e Pedro. Espantei-me em ver que os escravos iam sozinhos para as lavouras, para o trabalho, ninguém os vigiava. Também não estava amarrado e nem era vigiado. Embora tudo parecesse ser paz naquela fazenda, comecei a pensar novamente em fugir.

Cinco dias se passaram e já estava recuperado. Sentia que estava bem para trabalhar, mas ninguém me mandou fazer nada.

A vontade de fugir foi ficando cada vez mais forte, decidi que seria naquela noite. Talvez, pensei, tivesse mais sorte desta vez. Lembrei do meu amigo Tião e de suas previsões. Disse convicto que ia encontrar minha família e ficar com ela. Precisava tentar. Achei que ia ser bem fácil fugir dali, não via ninguém vigiando, não estava amarrado ou trancado. Esperei ansioso pela tarde. Tomás veio me trazer o jantar, comi depressa. Quando ele foi embora levando o prato, saí devagar do galpão. Podia dizer, se alguém me visse, que estava andando um pouco. Com o coração batendo forte, ansioso, com certo medo, fui caminhando rumo à porteira. Ninguém me viu. Em minutos cheguei à divisa da fazenda, abri a porteira, passei e corri.

Fui pela estrada andando assustado, temendo cada barulho, não sabia aonde ia. Andei a noite toda. De manhã, tive que sair da estrada e entrar no mato.

No mato passei fome, sede, até que encontrei um pequeno filete d'água e fiquei caminhando perto dele. O mato era cerrado e me perdi. A noite veio e dormi embaixo das árvores, sempre assustado e com medo, sobressaltava com qualquer barulho.

Clareando, comecei a andar seguindo o filete d'água; logo avistei ao longe uma fazenda. Voltei para o mato. Resolvi achar a estrada e andar nela. Caminhar de noite e esconder durante o dia. Só comia algumas frutas que achava no mato, estava com fome e muito cansado.

Subindo nas árvores tentei achar a estrada. Só à tarde a encontrei e fiquei esperando escurecer para caminhar. Enquanto esperava, escutei latidos de cães. Subi numa árvore grande e tentei me esconder. Senti muito medo.

Logo os cães me encontraram, começaram a latir embaixo da árvore em que estava.

— Achamos o danado! – gritou um dos homens. Aqui deve estar o negro fujão!

Avistaram-me.

— Desça daí, senão atiro!

Não tinha escolha e desci, os cães avançaram sobre mim, senti suas mordidas nas minhas pernas. Rindo os dois homens afastaram os cães. Examinaram-me.

— Mas veja só, Lourenço, estamos com sorte, é um fujão, mas não é nosso. Quem é você? – perguntou e não esperando resposta me chicoteou no rosto e braços. Depois de cinco chicotadas, o que me fez sangrar, chegaram mais perto de mim.

— Quem é você? A quem pertence?

— Chamo Bernardino, sou da Fazenda Santa Ana – respondi.

Ainda bem que se contentaram, pois era só o que eu sabia. Desconhecia a quem pertencia, nunca vira meu dono ou dona. Não prestava atenção nas conversas de Tomás com Mãe Benta. E eles diziam só Sinhá, Sinhá...

— Fazenda Sant'Ana! – riam os dois – Que beleza! É da solteirona dos Castros! Quem diria que de lá fugiria um negro?

— Vamos levá-lo e ver a cara da beata. Um negro seu fugiu, madame!

Amarraram-me muito bem numa árvore e deixando-me ali sozinho foram atrás do outro negro. Meu corpo todo doía, as cordas me feriam, fiquei amarrado de tal forma que nem me mexer conseguia. Passei a noite em agonia. Logo que amanheceu os dois capitães-de-mato chegaram com o outro negro que, como eu, estava machucado e assustado. Desamarraram-me da árvore e me amarraram ao lado do outro negro. O dois zombavam e riam felizes com a captura que fizeram, deliciando-se com a recompensa que receberiam.

Logo chegamos à estrada e fomos andando por ela. Nós dois andando e os capitães-de-mato a cavalo, íamos devagar, sem pressa. O outro negro e eu, companheiros do infortúnio, andávamos com dificuldades, íamos calados, tristes e pensativos.

Não demorou muito chegamos a uma fazenda e o outro negro foi entregue. Continuamos a andar e, pelo que escutei, rumo à cidade. Após umas duas horas, chegamos a uma pequena cidade.

— A solteirona dos Castros está na casa do irmão passando os feriados. Vamos lá entregar o fujão – disse um deles, deliciando-se com a façanha.

Estava sujo, ferido, com sede, fome e cansado, andava com mais dificuldades ainda. Os dois orgulhosos respondiam a todos os curiosos que paravam para me ver:

— É um escravo fujão dos Castros!

— É um fujão de D. Ambrozina!

Todos ficavam admirados querendo saber mais dos detalhes, que não eram dados. Uma pequena multidão se formou quando chegamos à frente de uma bonita e grande casa. Bateram palmas e uma negra veio atender.

— Negra, me chama a senhorita Castro. Diga a ela que o capitão-de-mato Lourenço quer lhe falar.

Abaixei mais a cabeça, sentia dores físicas e morais. Novamente não consegui fugir. Tião se enganara, não me reuni aos meus, não encontrei com eles e achava cada vez mais difícil estar com eles novamente. Todos os que ali ficaram reunidos estavam em silêncio, esperando o resultado. Escutei passos e os cumprimentos, não olhei para cima e nem para ninguém. Escutei a senhorita Castro responder com desprezo ao cumprimento dos capitães. Mas um deles falou orgulhoso em voz alta:

— Aqui está seu negro fujão. Viemos entregar e receber a recompensa.

— Chame Chico, Negra Lusi, disse a senhora.

Logo vi o Chico me olhando.

— Este homem é nosso? – ela indagou.

— É sim, senhora.

— Leve-o para os fundos e amanhã para a fazenda. – Fez uma pausa e completou – Quanto lhes devo?

Não escutei a negociação. Chico me levou para os fundos, desamarrou-me e me deu água. Estava sedento e a tomei com afobação. Também me deu comida.

— Você deverá ficar bem quieto aqui e como está. Não poderá tomar banho e não vamos cuidar dos seus ferimentos aqui. Vai dormir no chão. Você é ingrato e maldoso, fez a Sinhá passar vergonha. Nunca antes um escravo dos Castros fugiu. Não viu a multidão que se formou? Todos agora já sabem. E não fuja mais! Se fugir, mando os dois capitães atrás de você. Eles não perdem nenhum fujão por estes lados. Amanhã cedo, voltaremos à fazenda. Vou levá-lo e por isto me fará perder as festas.

Deixou-me desamarrado, fiquei sozinho num cômodo no fundo do quintal. Alimentei-me e tentei dormir. Ali era fácil de sair, mas não pensei em fugir mais, pelo menos naquele momento. Temi o castigo, minhas costas ainda doíam, estava agora com os ferimentos a mais das chicotadas dos capitães e das mordidas dos cães. Será que serei castigado? – pensei aflito.

No outro dia, espantei-me quando Chico veio me buscar e não me amarrou, mandou que montasse num cavalo e partimos. Não conversou comigo, viajamos quietos. Depois de duas horas de marcha lenta, chegamos. Fui observado por todos da fazenda, parecia que todos, até os negros, reprovavam a minha fuga. Mas suspirei aliviado, quando escutei Chico dar as ordens:

— Levem-no para o galpão, que tome banho e Mãe Benta cure seus ferimentos.

Pensei aliviado que por enquanto não ia ser castigado. Ajudaram-me a descer do cavalo e me levaram para o galpão. Tomei banho e Mãe Benta me fez curativos.

— Pela primeira vez, não tenho dó de um negro machucado. Estava bem aqui. Por que fugir? Gostou do que lhe fizeram?

Nem ela e nem Tomás gostaram de eu ter fugido. Depois que me medicou, Mãe Benta me olhou bem e disse brava:

— Você não deveria ter feito isto, seu moleque! Se a Sinhá resolve castigá-lo, vai ver só uma coisa. Ela está na cidade, só vem depois de amanhã. Agora ficará vigiado.

Não tinha disposição para fugir e nem para nada. Fiquei quieto. Mãe Benta cuidava dos meus ferimentos, dava-me comida, mas nem ela e nem Tomás conversavam mais comigo como fizeram da outra vez. Melhorei, as dores acalmaram, mas esperei com medo o regresso da velha solteirona de quem os capitães riram fazendo piadas.

No segundo dia, à tarde, vi pela fresta da porta (porque agora estava trancado no galpão) uma carruagem muito bonita chegar.

Mas foi só no outro dia, depois do almoço, que Chico e Tomás vieram me buscar. Tomás não trabalhava mais, dizia que fora aposentado. Mas não ficava à toa, andava por toda fazenda, ora fazendo um servicinho leve, ora passeando. Porém sabia de tudo o que acontecia nas terras de Sant'Ana.

— Vamos, Bernardino, a Sinhá está esperando por você. Quer conversar. Preste atenção, seu negro fujão, se tentar fazer alguma coisa contra a Sinhá, vai ver só! Respeite D. Ambrozina! – falou Chico com fisionomia de bravo.

Nada respondi, mas pensei, ele não estava armado, eu dava dois dele e Tomás era velho e fraco. Eram dois contra mim em grande desvantagem para eles. Segui-os obediente. Entramos no jardim da casa-grande e paramos na varanda.

Abaixei a cabeça, tinha aprendido que escravo não podia ser valente e orgulhoso, a humildade era o melhor meio de lidar com os brancos. Vi a Sinhá sentada, bordando. Esperei quieto que me dirigisse a palavra.

— Por que fugiu, escravo?

Nada respondi, estava com vontade de gritar. Para ser livre! Não era motivo forte? Ser livre! Mas a Sinhá insistiu:

— Por que você fugiu? Quero saber!

— Ser escravo não é nada bom – respondi continuando com a cabeça baixa. – Ser negro é pior ainda. Ninguém me perguntou se queria vir para cá. Sou um miserável, um...

— Ram... Ram... – fez Chico, que estava sentado no cercado da varanda, olhando-me atento.

Parei de falar. A Sinhá disse educadamente:

— Não temos culpa. É revoltado por ser escravo? Foi por isto que fugiu?

Tive vontade de responder mal. Então não é motivo para revolta, ser escravo? Quis indagar. A Sinhá já foi escrava? Lembrei, então, as recomendações de Tião. Seja humilde, Bernardino! Você encontrará pessoas boas na sua vida e que poderão ajudá-lo. Senti uma grande tristeza e suspirei. Enquanto pensava, fez-se silêncio. Relutei. Por que não contar tudo? Por que não falar da minha vida? Do motivo que me levou à fuga, de modo sincero? Era a primeira vez que um branco se interessava por mim e queria saber o motivo da revolta em vez de me castigar pela fuga. Falei com calma e humildade.

— Desculpe-me... A Sinhá não tem culpa. Nasci na África, era feliz, tinha pai e mãe, uma família. Vivia livre pelos campos e matas.

Vieram os brancos, mataram, aprisionaram e me trouxeram para o Brasil.

— Você ainda é novo! Este comércio está proibido há tempo. Que desalmados! Escutei comentários que ainda fazem este comércio mesmo proibido. Que maldade! – exclamou a Sinhá, indignada. Mas continue.

— Aqui no Brasil fui leiloado e fui morar numa fazenda – continuei. – Sempre fui trabalhador, bom escravo, nunca tinha sido castigado. O Sinhô morreu. O Sinhozinho começou a jogar, fez dívidas, vendeu muitas coisas e, entre estas coisas, estava eu. Deixei lá mulher, minha doce Mara, e meus dois filhos.

Solucei, já não me importava de chorar na frente deles. Quando parei de chorar, falei das minhas aventuras nas outras fazendas, falei tudo sem omitir nada e finalizei:

— Foi para achá-los que fugi...

Chorei novamente, ninguém disse nada, fez-se um grande silêncio. Quando parei de chorar, me senti bem e calmo. A Sinhá indagou:

— Onde fica essa fazenda? Como se chama?

Levantei a cabeça e olhei para minha dona, que tinha parado de bordar e me olhava piedosa. Pensei que ela fosse velha, mas deparei com uma mulher com seus trinta anos. Era magra, vestia-se com elegância, cabelos negros presos em um coque. Sobressaíam os olhos castanhos e bondosos.

— Onde fica não sei, não senhora. Chama-se Fazenda Santa Clara.

— Ouvi na cidade essa história, D. Ambrozina – disse Chico, falando pela primeira vez.

— Sabe onde fica? – indagou a Sinhá.

— Mais ou menos, mas posso indagar.

— Chico, quero que vá amanhã cedo com Pedro a essa fazenda e compre a família dele. Bernardino, dê todos os dados que sabe sobre a fazenda e sobre os seus ao Chico, para que ele traga sua família. Agora pode ir. Você, Chico, venha depois acertar os detalhes comigo.

— Sim, Sinhá – respondeu Chico contente.

D. Ambrozina levantou e entrou na casa. Meu coração batia forte. Nem acreditava no que ouvi. Os dois me olharam com bondade. Tomás me abraçou.

— Você sofreu muito, mas será feliz aqui.

Dei todos os dados para o Chico e voltei para o galpão que não foi mais trancado. Estava incrédulo, mas esperançoso. Quando Mãe Benta veio trazer o meu jantar, já sabia da minha história, como todos da fazenda. Indaguei curioso:

— Mãe Benta, será verdade mesmo? Será que a Sinhá os comprará mesmo?

— Confie, homem de Deus. Claro, Sinhá é assim mesmo, boa demais. Se disse que vai é porque vai. E Pedro é esperto, os dois saberão achá-los e trazê-los para cá.

Passei a noite entre ansioso e esperançoso. Logo de manhãzinha, vi Chico e Pedro partirem e começou a aflitiva espera.

IV
Eternamente grato

Como esperar foi angustiante! Tomás e Mãe Benta, como os outros escravos, me animavam. Todos agora faziam questão de conversar comigo e me dizer palavras de esperança. Agora, gostava de conversar, de responder às perguntas. Contei não sei quantas vezes a minha história e sempre acabava chorando. Temia a volta dos dois empregados sem eles. As horas não passavam e a espera não foi fácil. Mãe Benta até que me recomendou:

— Calma, homem, calma. Senão sua Mara o encontrará com aspecto de doente.

— Será que eles os encontrarão? – indaguei aflito.

— Reze e peça ao Pai do Céu para que eles os encontrem, comprem e voltem todos juntos. Sabe orar?

— Sei – respondi – e lembrei-me de Tião. – Meu amigo disse que reuniria a minha família, talvez ele tivesse razão – disse à Mãe Benta. – Vou rezar. Mas reze você, Mãe Benta, por todos nós também.

— Já fiz e farei novamente um trabalhinho para abrir os caminhos para Chico e Pedro voltarem com eles.

— Obrigado, Mãe Benta, você é tão boa!

— Boa aqui é só a Sinhá, mas tento ajudar a todos, é minha obrigação. Tudo o que a Sinhá está fazendo custa muito dinheiro. Primeiro João o comprou, mas ela pagou. Deu uma grande recompensa aos capitães-de-mato, pagou a viagem dos dois e ainda comprará sua família. Tudo isto sem precisar de escravos.

— É verdade, Mãe Benta. Sou grato a ela, e saberei ser eternamente grato.

— Eternamente é muito tempo. Sendo enquanto os dois estiverem vivos é o bastante.

— Acha mesmo que nesta vida, ela Sinhá, eu escravo, posso ajudá-la? – indaguei admirado.

— Quem sabe. Mesmo se não tiver oportunidades de fazer o bem a ela, só a vontade basta.

Nem dormi direito, rezei bastante. Cheguei até a sonhar. Ora com Mara e as crianças voltando, ora só os dois regressando.

No outro dia, antes do almoço, uma confusão. Saí do galpão para ver. Havia uma negra chorando e um negro que ia partir. O negro despediu-se da mãe e tomou o rumo da estrada. Ia a pé. Logo os poucos escravos que estavam presenciando voltaram ao trabalho. A negra que chorava foi para sua casa. Quando Mãe Benta veio trazer o almoço, perguntei curioso o que havia acontecido.

— O negro Tonho foi castigado, a mãe Maria chorou, coitada. Também Tonho já tinha sido advertido muitas vezes, ele é vadio e briguento. Hoje de manhã, aproveitando a ausência de Chico e Pedro, tentou pegar a coitada da Aninha. A Sinhá ficou danada, isto ela não permite. Deu a ele a carta de alforria.

— Castigar com a carta de alforria?! – indaguei assustado e incrédulo.

— Você se assusta por quê? Se andou por aí, não é para assustar. O negro vale pouco nesta terra. O que você pensa? Não é porque é livre que deixa de ser negro. Tonho para comer, vestir, terá que trabalhar, coisa que não gosta de fazer. Agora pergunto a você, quem lhe dará trabalho? Ninguém. Todos preferem escravos e não empregados negros, emprego é só para brancos. Então, para comer terá que pedir esmolas, ninguém dará comida a um preto forte e moço. Agora Tonho terá uma vida dura, coitado. Será enxotado como cachorro com peste. Isto se não roubar e for para a prisão.

Mãe Benta tinha razão. Tonho não teria vida fácil. Sabia de fazendas onde os senhores libertavam seus escravos e estes continuavam com eles como empregados, não fazendo grandes diferenças. Quanto a empregar negro podia ser que nas cidades maiores o faziam, mas nas fazendas era difícil. Se podiam ter escravos, por que empregá-los?

Procurei andar pela fazenda, seus pomares eram sortidos com muitas frutas que os escravos podiam comer à vontade. Procurei conversar com Tomás, mãe Benta e com outros escravos para me distrair e diminuir a tensão. A espera me agonizava, não conseguia me alimentar ou dormir direito. À noite, ficava sobressaltado por qualquer barulho. Durante o dia me punha a vigiar a estrada.

No terceiro dia de espera, à tarde, estava na porta do galpão.

Via D. Ambrozina. Gostava de olhá-la, estava distraída e calma. Quando Maria, uma pretinha que acompanhava a Sinhá por todo lado, gritou:

— Bernardino! Bernardino! Eles vêm chegando!

Corri, olhei a estrada e lá estavam Pedro e Chico cada um num cavalo, Mara e as crianças noutro cavalo. Meu coração disparou. Pulei de felicidade e as lágrimas correram pelo meu rosto. Mas não corri para eles. Entrei na varanda, ajoelhei aos pés da Sinhá e disse emocionado:

— Sinhá, eu lhe serei eternamente grato, eternamente seu escravo!

Nem a esperei responder, saí correndo, gritando com os braços abertos e fui com grande felicidade encontrar com Mara e as crianças. Abraçamo-nos, beijamo-nos e choramos. A emoção tomou conta de todos. Os que voltavam da lavoura vieram dar boas-vindas a Mara.

Mãe Benta arrumou para que Mara e as crianças tomassem banho, se alimentassem e ajeitou os leitos no galpão.

— Ficarão aqui até que a Sinhá arrume um lugar para vocês ficarem.

Depois que nos alimentamos, todos quiseram vir e conversar com a nova família da fazenda. O galpão encheu de escravos.

Saíram todos já era noite, as crianças, cansadas, dormiram. Abracei Mara e aí notei que ela estava grávida.

— Mas como?! Olhei para ela admirado. Fazia um ano que partira. Mara chorou baixinho.

— Bernardino, não o traí. Amo-o muito. Se sua vida neste tempo foi ruim, a minha também foi. Fiquei desesperada, quando me contaram que tinha sido vendido com os outros escravos. Senti muito sua falta. As outras companheiras e eu choramos desesperadas. E nos dias seguintes foram vendidos mais escravos. Começaram a vender as negras e as crianças maiores. O desespero era grande. Não saber de você, onde estava, agoniava-me. A fazenda ficou nas mãos dos empregados e virou uma confusão. Januário, aquele capataz nojento, começou a engraçar-se comigo. Ameaçou vender meus filhos, se não me entregasse a ele. Que poderia fazer? Diga-me, Bernardino. Estava nas mãos dele e ele me teria de qualquer modo.

Abracei Mara e choramos juntos. Ela continuou a falar.

— A fazenda foi vendida, o novo dono, homem bom, pôs ordem. Januário foi mandado embora. Necessitando de escravos para trabalhar na fazenda, apiedou-se de nós, e mandou seus empregados, pela redondeza, comprar os escravos vendidos. Sofri tanto sua falta, chorei muito de saudades. A cada grupo que chegava entristecia ao ver que você não viera. Muitos voltaram, mas não todos. Os que voltaram não sabiam de você. Cheguei até a pensar que você havia morrido. Como é terrível não saber dos que amamos. Já tinha perdido as esperanças, pois o Sinhô suspendeu as compras, quando fui chamada pelo Sinhô e este me disse: *"Mara, estes senhores vieram comprar você e suas crianças. Eles dizem que têm o seu marido. Você quer ir?"*

Senti muito medo. Se saísse da fazenda, talvez nunca mais o encontrasse, mas poderia ser verdade e ousei perguntar:

"Como se chama esse escravo?"

"Bernardino, é um negro alto, forte, com uma pinta grande na testa."

"É ele, sim. Se o Sinhô permitir, quero ir sim."

Arrumei minhas poucas coisas num instante e parti esperançosa. Chico e Pedro me trataram bem e aqui parece ser tão bom!

Tive raiva do Januário, mas não podia estragar aquele momento de agradecimento a Deus com rancor. Levantei a cabeça de Mara, que a tinha abaixado envergonhada:

— Mara, não sinta vergonha. Você não teve culpa. Quanto à criança, já gosto dela. É meu filho! Mara, se é seu, é meu. Aqui estou há mais de um mês. Ninguém sabe quanto tempo estivemos longe. Graças a Deus, ninguém perguntou o tempo. Se indagaram, foram meses somente. Você sofreu, eu sofri, agora estamos os quatro juntos e seremos felizes aqui. Todos os escravos daqui também são felizes. Essa criança não tem culpa, é nosso filho.

Abraçamo-nos emocionados.

No dia seguinte, senti-me outro homem, estava disposto, alegre, e, logo cedo, pedi ao Chico:

— Sr. Chico, quero trabalhar.

— Que sabe fazer? Sabe cuidar de animais?

— Sei – respondi contente.

— Então vai trabalhar na cocheira.

Mara foi trabalhar na cozinha da casa-grande. Escrava grávida não ia para lavoura. As crianças ficavam no pátio, no pomar ou no porão da casa-grande, onde brincavam e faziam pequenas tarefas.

Passou uma semana, adaptamo-nos, estávamos todos contentes ali. Fazia meu trabalho com muita atenção e capricho e fui elogiado por Chico. Mara numa tarde me contou os acontecimentos da Fazenda Santa Clara.

— Logo que partiram, Jeremias começou a aparecer na fazenda como assombração. Muitos o viram com uma corda no pescoço, sufocado, a gemer e a maldizer. Depois passaram a vê-lo só perto do Sinhô. Este nosso patrão passou a sentir-se mal, a ter falta de ar, de chegar a bater a cabeça na parede. Quando o Sinhô vendeu a fazenda e foi embora, o fantasma Jeremias despediu-se de todos com a mão e foi embora com o Sinhô. Quando vieram os escravos recomprados, dois que ficaram com Jeremias contaram que este, logo que possível, tentou fugir. Capturado, apanhou muito no tronco; vendo que era impossível fugir, suicidou-se enforcado na senzala.

— Jeremias quando estava comigo na carroça, quando fomos embora, fez uma promessa de vingança. Cumpriu o que prometeu.

— Foi isto que nos disse Pai Manolo. Que ele prometeu vingar-se e pelo jeito estava cumprindo.

— Só que sofria e, pelo jeito, muito. Não é agradável ficar sentindo a morte, as dores dos últimos instantes, como ele. Se aparecia aos outros como enforcado, é porque devia sentir-se assim. Vingança não traz felicidade. Sofre-se para fazer sofrer. Se ele tivesse esperado, voltaria com os outros. Precipitou-se, coitado. Todos os momentos difíceis passam, é só saber esperar, ter paciência. Tomara que Jeremias perdoe para que fique bem. Quem se suicida sofre muito, este ato covarde não se deve fazer nunca.

❖ ❖ ❖

O velho Tomás foi achado morto na sua cabana pela manhã. A fazenda parou. Foi feito só o serviço que não podia ser adiado. Todos choraram, até eu, que pouco convivi com ele, senti. Todos os moradores da fazenda foram ao enterro. Até a Sinhá foi e chorou, para o meu espanto.

Mãe Benta estava muito triste, à noite foi nos visitar no galpão.

— Você está triste porque ele morreu? Eram amigos, não é? – indagou Mara a ela.

— Não é pela morte dele que estou triste. É pela ausência física. Somos, seremos sempre amigos. Não é porque ele morreu que deixaremos de ser amigos. Os sentimentos continuam, depois que a morte nos leva a viver noutro plano.

— A Sinhá também ficou triste – disse.

— Ela gostava muito de Tomás, que foi escravo do pai dela.

— Será que depois de mortos seremos escravos? Será que somos separados pela cor do lado de lá? – indagou Mara, curiosa.

— Não, escravos somos pela cor e só se tem aqui na Terra por este motivo. Porque, meus amigos, no Plano Espiritual ruim também há escravos, mas lá são os maus que têm este castigo. Do outro lado são separados bons e maus, independente de serem brancos ou pretos. Muitos brancos orgulhosos vão levar susto em ver o lugar de destaque que Tomás irá ter por lá.

— Será que ele ficará branco? – perguntei.

— Não, a cor não importa, ele não se incomodava com este fato.

Mãe Benta saiu e Mara comentou:

— Tomás deve ter sido bom. Quando morre uma pessoa boa, todos sentem sua falta. Quando morre o mau, sentem-se aliviados. Que Deus o tenha.

— Amém! – respondi com sinceridade.

No outro dia, Chico me deu a ordem:

— D. Ambrozina mandou você ir limpar a casa que foi do Tomás, consertar o que estiver estragado para você morar lá com a família.

— Morar numa casa? Que bom!

— Como eu sonhava! – disse Mara a sorrir. Bernardino, nós numa casinha! Que felicidade! Vamos fazer tudo para estar sempre bem aqui.

Dois dias depois, estávamos na nossa casinha. Ficamos bem-instalados, havia dois quartos, sala e cozinha. Estávamos contentes, felizes, fizemos amizade com todos na fazenda.

No tempo certo, Mara teve a criança, era uma linda menina mulata clara. Se alguém desconfiou de alguma coisa, nada comentou. Talvez alguns tivessem dúvidas, mas eu era mulato e as crianças diziam ser parecida comigo. Amei a menina como se fosse minha. E nunca a tratei diferente, como também nunca contamos a ninguém. Ficou sendo segredo só meu e de Mara.

Todos os escravos eram batizados na fazenda Sant'Ana. Logo que chegamos, o padre em visita à fazenda nos batizou. Todos tinham um filho de quem a Sinhá era a madrinha. Resolvemos convidá-la para batizar a menina. Envergonhados, Mara e eu fomos à varanda e a convidamos.

— Aceito – disse a Sinhá contente –, serei a madrinha da menina. Já tem nome?

Mara negou com a cabeça.

— Por que não colocam o nome de Maraína. É o nome da mãe e um pedaço do meu.

— Obrigado, Sinhá, obrigado. A menina chamará Maraína – disse feliz.

O tempo foi passando. Eu trabalhando com os animais. Mara na cozinha da casa-grande. Outros filhos foram nascendo. Éramos felizes com a vida simples, sem problemas, entre os amigos da fazenda. Trabalhava com gosto. A gratidão pela Sinhá não foi em palavras. Era grato, profundamente grato. E com o tempo aprendi a respeitá-la e a amá-la como uma bondosa mãe. A ela devia tudo, nossa felicidade e tranqüilidade.

V
O pretendente

A fazenda Sant'Ana fazia divisa com a dos parentes de D. Ambrozina, menos de um lado, o da direita da casa-grande. A divisa ficava longe da sede. Agora, todos os escravos por lá eram bem tratados, mas dizem que nem sempre foi assim. Nesta fazenda havia uma assombração. Era um antigo senhor de escravos que fora muito malvado. Sua visão não era agradável. Certamente nem todos o viam. Uma grande parte dos homens da fazenda já tinha ido vê-lo e muitos, os mais corajosos, iam sempre. Quando ficamos sabendo desta história, Mara, curiosa e medrosa, indagou a Mãe Benta:

— Por que nem todos que vão lá o vêem?

Mara se referia ao lugar em que o fantasma aparecia, nas ruínas da antiga sede. Mãe Benta como sempre respondeu gentilmente:

— Para vê-lo é necessário ter dom especial(2). Mas a visão é tão forte que basta um pouquinho deste dom para vê-lo. Assim muitos têm visto.

---

(2) N.A.E. – Ser médium, ter certa sensibilidade.

— Por que ele aparece? – continuou a perguntar Mara.

— Porque o espírito deste antigo senhor está lá, mora nas ruínas. Ali tem muitos fluidos propícios, a natureza que facilita sua aparição. Também porque espírito que muito se dedicou à matéria a ela se encontra preso.

— Aparece só à noite? – indaguei.

— Aqui na fazenda eles só vão vê-lo à noite. As aparições normalmente são feitas mais no período noturno. E muitos que vão lá para vê-lo são médiuns; o espírito usa destes fluidos da mediunidade, para se tornar visível.

— Por que ele virou assombração? – indagou Mara.

— Este homem cometeu muitas maldades e vaga pela antiga fazenda sem sossego.

— Sofre? – indaguei.

— Claro. Todos que morrem querem estar em bons lugares. Mas estes lugares maravilhosos são para quem fez por merecer e não para os que querem. Este espírito sofre muito o reflexo das suas maldades.

Seis companheiros resolveram ir até a outra fazenda, na sexta-feira, para tentar vê-lo. Muitos já tinham ido várias vezes, iam sempre como se fossem ver um espetáculo. Convidaram-me, hesitei, depois acabei aceitando de tanta curiosidade. Saímos logo que anoiteceu. Fomos andando até o lugar onde diziam que aparecia, comentando, pelo caminho, as proezas daquele antigo senhor de escravos.

— Dizem que marcava com ferro quente seus escravos. Todos viviam na senzala trancados e só saíam para ir trabalhar nas lavouras e com correntes nos tornozelos – disse um dos companheiros.

— Contam que todas as escravas virgens eram dele; ele as tinha, quando meninas de treze a quatorze anos. E se alguma engravidasse, ele matava os nenês, quando nascessem. Tratava os escravos muito mal, por qualquer motivo os colocava no tronco. Muitos morreram com seus castigos – disse Bento todo empolgado.

— Falam que um escravo respondeu mal a ele e o senhor mandou que o colocassem amarrado no tronco e lhe botou fogo – acrascentou Tonho.

— Foram muitas as maldades que ele fez. Conta-se que até com a esposa e com os filhos ele foi mau – disse Leonildo.

— Não é à toa que nem o diabo o aceitou no inferno – comentou Tião.

— O inferno dele é aqui mesmo – falou Bento. – Vocês já sabem, ficaremos sentados e não diremos nada à assombração. Aconteça o que acontecer ninguém pode correr. Só iremos embora quando a assombração sumir.

Chegamos. As ruínas eram assustadoras, algumas paredes teimavam em ficar de pé, pedras e mato cobriam a antiga casa. O local era assustador.

— Este local é infestado de fantasmas, tanto que o novo dono fez outra sede longe daqui e deixou esta abandonada – tornou Tonho.

Sentamos a uma pequena distância das ruínas, perto um do outro e em silêncio. Esperamos. A noite estava bonita com muitas estrelas e a lua cheia clareava bem. Escolhemos a fase de lua cheia, por isto mesmo, para clarear bem.

Deveria ser lá pela meia-noite, quando vimos um vulto mexendo nas ruínas. Ficamos apreensivos, acho que arregalei os olhos e confesso que tive medo. Meu coração bateu apressado, mas fiquei quieto, observando tudo.

Logo o vulto, que parecia estar deitado, levantou. Era um branco todo despenteado, com as roupas em farrapos. Deu uma volta sobre as ruínas e veio para nosso lado. Só não corri, porque os outros ficaram firmes e atentos. Quando vi de perto, vi suas costas retalhadas de chicotadas, como se acabasse de recebê-las e tinha muitas queimaduras pelo corpo e pelo rosto fazendo-o parecer horrível. A visão era medonha, ele era muito feio. Exalava um mau cheiro e seus olhos eram arregalados. Ninguém do grupo sequer mexeu-se, aguentei firme, mas tive vontade de correr. Perto de nós uns seis passos, ele parou e disse com voz soturna:

— Vocês não deveriam falar mal de quem já morreu e sofre. Negros nojentos! Se eu pudesse os colocaria no tronco.

Ninguém respondeu, ele virou e entrou nas ruínas de novo. Um dos companheiros disse:

— Vamos embora.

Levantei rápido, queria mesmo ir embora.

— Não consegui ver nada – disse Manolo.

— Só ouvi, mas não o vi – disse Bento.

A maioria viu e ouviu. No outro dia cedo, logo que possível, procurei Mãe Benta para indagar-lhe.

— Mãe Benta, por que Manolo não viu nada?

— Porque ele não tem o dom[(3)]. E você viu?

— Vi e ouvi.

— Que bom, você tem dom e pode nos ser útil. Sabe, Bernardino, antes ele aparecia com muitos negros que se vingavam dele. Esses escravos sofriam e faziam-no sofrer. Aos poucos fomos conversando com esses escravos, fazendo com que perdoassem. Eles foram perdoando e foram embora para onde todos os mortos do corpo devem ir.

— Como ele sabia que falávamos dele no caminho?

— Espírito sabe de muitas coisas. Quando entraram na fazenda vizinha, ele já os esperava e escutou que conversavam.

— Como não o vimos?

— Ele não quis, gosta que o vejam só nas ruínas.

---

(3) N.A.E. – Não é médium.

— É verdade tudo que dizem dele?

— Acredito que sim.

— Já tentou conversar com ele? Com o antigo Sinhô, como fez com os escravos?

— Sim, mas ele é orgulhoso. Mesmo sofrendo tanto tempo, é arrogante. Não gosta de negros, e não nos dá atenção.

— Você já o viu?

— Muitas vezes. Fui às ruínas para tentar ajudá-lo. Como disse, a uns consegui, a ele não.

— Irá sofrer muito tempo ainda?

— Dependerá dele somente. Quando arrepender-se com sinceridade, a ponto de poder voltar atrás, fará tudo diferente, como também deverá pedir perdão a Deus e aos que ofendeu e prejudicou; aí poderá ter sossego, paz e ir embora. Ele tem muito que aprender.

— Credo e cruz! Mãe Benta, fazer o mal não está com nada.

— Fazer o bem está com tudo. Colhe-se o que se plantou. Se o viu, observou seus ferimentos. Ele sente como castigo e dói sempre.

— De que morreu?

— De alguma doença. Mas desde que morreu, sofre muito. Muitos negros o esperavam para fazer com ele o que lhes fez.

— Por que todos a chamam de mãe? – indaguei mudando de assunto.

— Porque não tive filhos, aprendi mocinha a benzer, a fazer curativos e remédios de ervas. Passei a cuidar de todos como uma mãe. E me passaram a chamar de Mãe Benta.

Sem dúvida nenhuma, era um título bem dado. Mãe Benta sempre foi um anjo a cuidar de todos na fazenda.

Nunca mais fui ver a assombração, mas sempre ia uma turminha vê-la. E por muitos anos apareceu, até que um dia, como Mãe Benta disse, cansou de sofrer, pediu perdão e foi levado para um socorro.

Como na fazenda não havia castigo, muitos escravos abusavam. Havia recompensas aos bons, aos trabalhadores. O serviço era bem repartido, os que faziam a mais recebiam recompensa em dinheiro. Os que faziam o estipulado nada recebiam. Os que não faziam, recebiam advertências. Após trinta advertências eram vendidos. Mas o serviço era pouco e dava para se fazer bem mais. Mara e eu logo recebemos recompensas e por elas podíamos ir à cidade fazer compras. Logo compramos objetos para casa, depois roupas, calçados para nós. Foi com gosto que comprei um par de botas e um chapéu de couro. Nunca vi ninguém receber as trinta advertências. Todos, ou quase todos, trabalhavam com gosto. Ninguém também se interessou por comprar sua liberdade. Sempre, como em toda parte, há abusos, alguns escravos tentavam tapear, mas Chico, João e Pedro eram espertos. A maioria dos escravos viviam felizes, soltos pela fazenda.

D. Ambrozina arrumou um pretendente. Todos comentavam na fazenda e por um tempo só se falava nisso. Era um senhor viúvo, sem filhos, vizinho, dono de uma fazenda próxima. Diziam que havia tempo estava apaixonado pela Sinhá.

Mãe Benta marcou uma reunião com os escravos adultos à noite no pátio, aproveitando que D. Ambrozina se dirigira à cidade. Mara e eu ficamos curiosos e fomos. Todos foram.

— Minha gente! – disse ela toda empolgada. Como todos sabem, D. Ambrozina ficou noiva do Sr. Leônidas. Todos nós também sabemos o que se passa com os escravos em sua fazenda. Lá os coitados são castigados no tronco, trabalham muito, são trancados na senzala. Se a D. Ambrozina casar, ele será dono, homem manda. Poderá nos tratar como trata os seus escravos. Corremos um grande perigo. Somos felizes aqui e creio que todos querem continuar sendo. Não podemos deixar mudar nada por aqui. Precisamos pôr um fim neste noivado.

Todos prestavam atenção e concordavam com Mãe Benta que, abaixando a voz, continuou.

— Faremos um trabalho especial pedindo aos orixás esta graça. Quero que todos dêem oferendas. O trabalho será feito amanhã à noite na mata da cachoeira. Queremos um grupo grande para ir rezar. Quem vai levanta a mão.

Muitos levantaram a mão. Mãe Benta contou. Mara e eu ficamos quietos. Ela, vendo que eu não levantei a mão, indagou:

— Você, Bernardino, não vem? Tem muita força, meu filho. Vem ajudar.

— Não entendo nada disto.

— Não faz mal, vem orar.

— Vou!

Levantei a mão, temi perder minha felicidade. Embora nada entendesse daqueles trabalhos, se era para rezar, eu rezaria.

No dia seguinte, saímos escondidos, todos os designados. João acompanhou a Sinhá à cidade. Chico e Pedro sabiam e nada falaram, aprovaram, também, eles temiam o novo patrão porque eram bem pagos e tinham muitas regalias. Caminhamos perto um do outro, todos levavam oferendas, comidas, flores e roupas. Mara fez um bonito colar de flores para eu levar. Chegamos ao local. Fizemos uma fogueira. Estávamos do lado esquerdo de uma bonita cachoeira. O trabalho foi feito. Foram oferecidas as oferendas, as flores para os orixás; foram ditas as preces e cantados os versos que me fizeram lembrar do meu lar distante, a África. Nada fiz, era a primeira vez que via um trabalho assim. Mas não estranhei. Fiquei num canto observando e orando com fé. Pedi a Deus proteção a todos da fazenda. Por várias vezes, vi focos de luzes e alguns vultos, não tive medo e me encantei com a visão.

Mãe Benta com outros negras dançaram bonito. Fizeram orações piedosas e por muitas vezes pediram para a Sinhá não casar.

O trabalho demorou, voltamos para casa de madrugada. Sinhá voltou à tarde para a fazenda. Fora à cidade preparar o enxoval. Depois de uma semana do nosso trabalho nada tinha mudado. Todos estavam preocupados, mas Mãe Benta garantia – os orixás haviam respondido – a Sinhá não casaria.

Na manhã do oitavo dia, João veio me procurar na cocheira.

— Bernardino, você sabe atirar?

— Não, senhor.

— É capaz de defender a Sinhá?

— Com a minha própria vida.

— Então você vem junto. Vamos arrumar a carruagem.

Num quarto de hora, a carruagem estava pronta e a Sinhá entrou nervosa. Acompanhava-a João, Pedro e Chico que estavam discretamente armados. Fui guiando os cavalos. Dirigíamos à fazenda do Sr. Leônidas.

Fomos rápido, em uma hora estávamos lá. Quando chegamos, D. Ambrozina desceu apressada e nós quatro atrás dela. Em vez de se dirigir à casa-grande, atravessou o pátio e foi para a frente da senzala. Neste local estava um tronco e um negro gemia preso nele. Olhamos curiosos, ele estava ensangüentado e muito machucado pelo chicote. Veio correndo ao nosso encontro o feitor, que não sabia o que fazer com a incômoda visita. Esse empregado recebeu uma ordem da Sinhá:

— Desamarre este negro e cuide dele!

— Não posso, o Sinhô Leônidas... Ele mereceu o castigo...

A Sinhá ficou vermelha, torcia as mãos. Nisto o Sr. Leônidas veio correndo da casa-grande.

— Ambrozina, por que não avisou que vinha?

— Seu tratante! – falou alto D. Ambrozina. – Não me prometeu que não haveria mais castigos em sua fazenda? Não disse, ao me dar este anel, que seus escravos seriam bem-tratados como os meus? Quando João me disse que tinha um negro no tronco aqui, quis ver para crer. Se você faltou com a palavra dada, a minha ao aceitar o noivado nada vale. Olhe aqui o que faço com seu anel. Passar bem!

Nunca pensei que a meiga e boa D. Ambrozina fosse capaz de ficar nervosa assim. Pegou o anel que tinha no dedo, jogou no chão e pisou em cima.

Voltou à carruagem depressa e nós atrás. Observara tudo e todos, temendo pela Sinhá. O Sr. Leônidas gritava por ela, mandou aos gritos soltar o negro e cuidar dele. Veio correndo atrás dela.

— Ambrozina, por favor, me escuta! O negro mereceu, ele roubou. Não farei mais isso, queimarei o tronco. Espere!

Ele tentou segurá-la, ela libertou-se num arrancão e entrou na carruagem. Os três entraram correndo e João me ordenou:

— Vamos rápido para casa.

Fiz os cavalos galoparem até sair da fazenda dele. Voltamos rápido. Quando ajudei a Sinhá a descer da carruagem, vi seu rosto inchado de chorar. Fiquei apreensivo. Será que nosso trabalho não fez D. Ambrozina sofrer? Mas a cena do negro gemendo no tronco varreu meu remorso. Mãe Benta tinha razão, o Sr. Leônidas não merecia nossa Sinhá.

Logo todos na fazenda ficaram sabendo. Admiramos mais ainda nossa Sinhá. Mãe Benta nos convocou para rezar, pedindo aos santos e aos orixás para que a Sinhá não voltasse atrás. Mara ainda comentou:

— Será que foi o trabalho de Mãe Benta que fez o noivado terminar ou tudo foi coincidência?

— Não sei – respondi. Não sei até que ponto se pode influenciar a vida das pessoas. Se foi por trabalho de mentes, ou resposta às orações que o noivado foi desfeito. O que sei é que na fazenda do Sr. Leônidas não se tratam bem os escravos. São trancados na senzala, não têm casinhas como a nossa e há castigos. O que aconteceu é que lá houve um castigo e que João foi à cidade e ficou sabendo, por um capataz do Sr. Leônidas, do ocorrido. Encontraram-se num bar, só que João não gosta de bar, mas, segundo ele, naquela hora lhe deu vontade de tomar uma bebida. Quando soube, veio rápido avisar a Sinhá. Talvez, Mara, os bons espíritos, como diz Mãe Benta, tenham ajudado João a saber e vir avisar. O fato é que foi por Deus que isto aconteceu antes do casório.(4)

O Sr. Leônidas pediu desculpas, mandou presentes, que foram devolvidos; até os irmãos de D. Ambrozina intercederam por ele, mas ela foi irredutível, não quis saber mais dele, para nossa tranqüilidade.

---

(4) N.A.E. — Estes trabalhos são canalizações de energias que tanto podem ser para o bem como para o mal. Este trabalho foi feito para um pedido de ajuda que o Alto atendeu. Os acontecimentos desencadearam-se para que desse certo. Mas havia o livre-arbítrio a ser respeitado. Sinhá, espírito avesso à violência, achou melhor separar-se do noivo violento.

VI
Relatos interessantes

Na Fazenda Sant'Ana nos reuníamos sempre para conversar. Às vezes, entre uma prosa e outra, saíam até discussões. Se virava briga, era logo apartada, porque a Sinhá não gostava de brigas. Íamos também em visitas às fazendas vizinhas, principalmente as dos irmãos de D. Ambrozina. Às vezes para festas, danças, e outras, só para conversar. Sentávamos em bancos de madeira, ou até no chão em círculo, e a conversa ia longe. Algumas vezes, contavam-se casos, ou fatos verdadeiros – fatos estes que haviam escutado ou histórias de acontecimentos vividos por um de nós. Gostava muito de escutar esses fatos. Uma vez, fui até convidado a narrar minha vida. Narrei orgulhoso. Sofrimentos passados e cicatrizados são fáceis de serem lembrados e comentados.

Nessas visitas íamos a pé ou a cavalo, até de carroça, quando era mais longe. A Sinhá sempre ia também com os empregados. Ficavam na fazenda só os que deveriam fazer guarda. Quase sempre essas festas eram ou de casamento dos Senhores ou de santos padroeiros. Para os escravos havia bebidas, aguardente e algumas comidas típicas da região. Em casamentos havia até churrasco. Certamente que a festa dos brancos era na casa-grande ou no pátio da frente. Era separada da dos escravos. Gostávamos muito dessas festas e esperávamos com ansiedade esses acontecimentos.

Quase sempre havia escravos apaixonados que se casavam entre estas fazendas. Se era dos irmãos da Sinhá, a noiva vinha morar na fazenda que pertencia ao noivo. Se fosse em fazenda de donos sem ser da família, quase sempre a Sinhá comprava ou vendia o apaixonado para que o casal ficasse junto.

Num destes encontros na fazenda do irmão da Sinhá, onde comemoravam a festa do santo padroeiro, a reunião decorria calma e tranqüila. Reunimos um grupo para conversar. Nessa fazenda havia um negro todo deformado, principalmente no rosto, por queimaduras. Ele aproximou-se do grupo e se pôs a escutar. Ele bebia muito – naquele dia estava sóbrio – fato difícil de acontecer nas folgas e nas noites de festas. Tinha o apelido de Queimadura. Foi convidado por um companheiro a falar de sua vida.

— Conte para nós, Queimadura, sua vida, o porquê de suas cicatrizes, já que ainda não bebeu hoje.

Todos concordaram e o incentivaram. Ele, um tanto sem graça, porque, segundo disseram, era de falar pouco e era muito envergonhado, narrou pausadamente. Seus olhos brilharam com as lembranças.

— Desde mocinho gosto de beber e de me embriagar. Na fazenda em que estava anteriormente, escravos não bebiam. Para fazer, tinha que roubar e foi o que passei a fazer. Com cuidado comecei a roubar aguardente do porão da casa-grande. Descoberto, fui para o tronco. Levei muitas chicotadas. Mas não endireitei. Logo estava eu roubando de novo. Bebi da melhor aguardente que o Coronel tinha guardado. Todos os dias, à noite, ia ao porão e roubava um pouco, até que bebi tudo. O coronel quase não bebia, tinha a aguardente mais para as visitas. Um dia, o Coronel recebeu uns amigos e falou com entusiasmo da pinga especial que possuía, e mandou servir aos convidados a famosa pinga que eu já tinha bebido. A negra achou o garrafão vazio e serviu outra de pior qualidade. O Coronel logo viu que não foi servida a pinga que falou. Indagou à negra baixinho e ela lhe explicou que encontrou o garrafão vazio. Vexado, ele desculpou-se com os convidados. Quando os amigos foram embora, o Coronel ficou raivoso e mandou me chamar.

— Você já foi pego uma vez roubando pinga. Dei falta de uma aguardente de um garrafão. Quero saber se foi você. Fale a verdade, porque vou descobrir.

Com muito medo acabei por dizer:

— Perdão, Sinhô, perdão. Fui eu sim. Tive vontade. Perdoe-me, não faço mais.

— Amarre-o no tronco!

O Coronel deu a ordem para o feitor. Aflito, fiquei no tronco amarrado esperando pela ordem dele. Mas não recebi chicotadas.

— Escravo que rouba deve ser marcado!

Ele mesmo me marcou com ferro quente. Senti tanta dor que desmaiei. Foi horrível!

O fato é que a Sinhá, esposa do dono da fazenda, era uma pessoa boa e não gostou do castigo, brigou com o Sinhô. Ele então mandou me soltar e fazer um curativo. Não me querendo mais na fazenda, mandou que me vendesse. Só tinha pai e irmãos. Meu pai ficou triste, despediu-se de mim chorando. Senti deixá-lo e temi minha sorte.

Na feira um empregado do Sinhô Joaquim, dono desta fazenda, ficou com dó de mim e me comprou. Aqui, cuidaram de mim, mas infeccionou e quase morri. Sarou e fiquei assim, todo marcado.

De fato, o rosto dele era todo deformado, a boca torta pelas cicatrizes. Após um intervalo, falando com voz calma, continuou:

— Sarei, fui trabalhar e aqui estou sem amolar ninguém.

— Queimadura é bom trabalhador – disse um dos seus companheiros –, é rápido e caprichoso. Recebe muitas recompensas.

— Gasto toda a minha recompensa em bebidas. Mas só bebo à noite e aos domingos.

— O Sinhô Joaquim não acha ruim? – indagou um negro da Fazenda Sant'Ana.

— Já conversou comigo para que parasse de beber. Mas gosto e não atrapalho ninguém. Ele não liga.

Queimadura não tinha nada, além da roupa que ganhava, porque pelas recompensas todos os escravos, principalmente nas festas, estavam e gostavam de estar bem-vestidos.(5) Queimadura gastava todo seu dinheiro em pinga que comprava na cidade.

Uma outra vez, estávamos reunidos na fazenda da irmã de Sinhá, escutávamos uma história interessante. Estava no círculo de conversas, porque muitos grupos se formavam, e os jovens cantavam e dançavam não longe de onde estávamos. Maria nos contou uma história que ouviu de sua avó.

— Não muito longe daqui, havia uma fazenda próspera onde os escravos eram bem-tratados. Havia um escravo bonito, mulato-escuro, alto e forte que trabalhava na casa-grande e que se apaixonou por uma das filhas do Sinhô. A Sinhazinha também acabou gostando dele. Passaram a se encontrar escondidos, ora no quarto dela, ora no porão da casa-grande. Do amor grande e lindo, a Sinhazinha acabou fican-

(5) N.A.E. – Certamente bem-vestidos para os escravos da época.

do grávida. Desesperaram. Não tinham como fugir e temiam pela sorte deles. Certamente o escravo seria morto de forma cruel e ela iria para um convento e nunca iria ver o filho, que seria ou dado e mandado para longe ou morto também. Planejaram, então, morrer. Eles se enforcariam ou usariam uma faca que a Sinhá pegou do seu pai. Escolheram a faca. Ela já estava no sexto mês de gravidez. Sabendo que não ia dar mais para esconder seu estado, resolveram acabar com a vida física, uma noite no porão da casa. Ela não teve coragem de enfiar a faca em si mesma, pediu ao namorado para fazê-lo. Ele a feriu e depois enfiou a faca no seu peito. Ele desencarnou, mas a Sinhazinha não morreu naquele noite. Pela manhã foram encontrados. A Sinhazinha foi socorrida e medicada. Ao voltar a si contou aos pais seu romance. O pai ficou furioso, mas nada tentou contra a filha enferma. Esconderam o fato, mandaram enterrar logo o escravo e disseram a todos que a Sinhazinha estava doente. O ferimento dela não foi mortal, mas o ocorrido fez com que abortasse; esse aborto provocou uma infecção e ela desencarnou chamando pelo seu amor. Foi uma grande vergonha para a família, que tudo fez para esconder o fato. Minha avó soube, porque trabalhava na casa-grande. Mas o mais importante nesta história é que eles não sabiam como explicar a aparição de sua filha ao lado do escravo. Os dois apareciam juntos de mãos dadas a passear pela fazenda. Tinham ferimentos, no peito, que estavam sempre sangrando. Os apaixonados vagavam juntos em sofrimento. Quando os mais corajosos conversavam com eles, os dois choravam e pediam preces. Diziam estar sofrendo.

Maria calou-se por instantes, depois, com a sabedoria que a vida dera, completou:

— Quem se mata sofre muito. Muito mais que qualquer sofrimento terreno. Por tempos, a alma vaga em dores terríveis. É bem triste. Ninguém deve, por motivo nenhum, matar o corpo abençoado que o Pai nos deu para viver encarnados na Terra.

— Mas, Maria – disse uma negrinha que escutava atenta –, a Sinhazinha não se matou, foi ele quem enfiou a faca nela.

— Sim, é verdade – respondeu Maria. Mas a intenção é tudo. Ela queria morrer. Tinha a intenção de fazer. Talvez pensou não ter força para tal façanha.

— A vida prega peças – comentou um negro. – Ela não desencarnou da facada, mas desencarnou de outra coisa.

— Talvez a coitadinha desencarnou com idéias de tentar o suicídio novamente – falou uma mulher com ar sonhador.

— Acha que os dois podem ter ficado juntos depois de socorridos? – aventurei a indagar.

— Quem se suicida perde muitos privilégios, às vezes, até de um corpo perfeito na próxima encarnação. Talvez para um aprendizado os dois se separem por tempos, até aprenderem a amar a Deus, a vida, mais que a si mesmos.

— Mas os dois se amavam – disse suspirando uma negrinha.

— Não foi à toa que um veio Sinhá e outro escravo. Talvez tivessem que aprender a amar em silêncio.

— Era por castigo que deveriam amar e ficar separados – falou uma mulher.

Maria continuou respondendo:

— Acredito mais que foi para um aprendizado. O amor deve ser sempre sincero e puro e não deve fazer a infelicidade de ninguém para tê-lo. Talvez os dois anteriormente, em vidas passadas, tenham abusado deste amor.

— Falando em amor, só existem histórias de amor de Sinhá por escravos, e não ao contrário – falou Onofre.

— Existem muitas histórias de Sinhô e escravas sim, Maria – respondeu explicando. Só que normalmente é aceito este amor, a escrava viva amante do Sinhô. A maioria destes amores são só caprichos, mas às vezes o cupido também prega peças e o amor é sincero. Só que dificilmente o homem assume uma escrava para esposa. Quase sempre casa com uma branca e a negra fica como amante.

Na Fazenda do Sinhô José, irmão da Sinhá Ambrozina, havia uma família de escravos que tinha uma criança débil mental. Ela era toda deformada, era um menino. Não tinha nem nome, fora batizado como todos na fazenda. Mas a mãe dele esqueceu seu nome e todos o chamavam de Bobo. Dava dó em vê-lo, tinha a cabeça grande, braços com as mãos pequenas, as pernas curtas e pés normais que ficavam enormes perto das pernas e braços. A cabeça redonda tinha que ficar escorada, porque pendia para os lados. A mãe cuidava dele como também dos outros irmãos, mas a família era grande e não se tinha muito tempo para ele. Ficava dentro de um cesto grande, só era tirado de lá para a limpeza dele ou do cesto. Muitas moscas, mosquitos, sentavam sobre ele o incomodando. Durante o dia colocavam-no na área da casa. E ficava ali para todos verem. Algumas pessoas passavam e mexiam com ele, outras abanavam, e algumas até o alimentavam. À noite era colocado para dentro da casa. Só emitia sons quando chorava, parecia um piado de passarinho. Era negrinho, bem negrinho. Não sabíamos se ele escutava, mas enxergava, porque acompanhava com os olhos as pessoas. Às vezes tentava sorrir. Este ar de riso era cínico, bem estranho. Fui vê-lo algumas vezes, da primeira vez que o vi fiquei impressionado. Brincava com ele espantando as moscas e ele sorria para mim com seu modo estranho. Nunca vi uma pessoa ser mais feia sorrindo, ele era. Quando punham alimentos na sua boca, ele só sugava. Quando o conheci, ele tinha treze anos. Viveu deste jeito até os vinte e dois anos.

Ao desencarnar foi enterrado com o cesto. Tempos depois, o grupo de Mãe Benta invocou este espírito, o que por anos foi o Bobo. Ele veio e conversou com eles. Mãe Benta nos contou o que ele disse na reunião; incorporado, Bobo falou com dificuldade, disse que estava bem e que ia voltar logo à carne, ia encarnar perfeito, mas negro, escravo. Contou que todo seu sofrimento foi por erros do passado. Na encarnação anterior foi um feitor cruel. A mãe dele, nesta encarnação, foi a esposa que incentivara ao crime na anterior. Ele fez muito mal, matou muitos escravos e aleijou, com seus castigos, muitos negros. Quando desencarnou, como feitor, foi perseguido, enlouqueceu pelo remorso e pela vingança dos que não lhe perdoaram. A maldade e o remorso destrutivo danificaram seu perispírito – encarnou como Bobo para se recuperar.

— Será que como Bobo sofria menos que quando estava desencarnado? – indaguei.

— Sim, sofria. E a Mãe Benta completou o relato com sua simplicidade e com sabedoria. Ser mau é a melhor maldade que se faz a si mesmo. E suas conseqüências são desastrosas.

Zé do Fumo, um escravo muito simpático da fazenda do Sinhô Joaquim, nos contou um fato, certa noite fria em que estávamos em volta de uma fogueira:

— Quando era jovem, vim com Sinhô Joaquim, também jovem, para estas terras que ele herdara de seu pai. Fomos reconstruindo-as aos poucos. Quando chegamos aqui, a fazenda estava um pouco abandonada. Logo ficamos sabendo que no mato que cercava a fazenda tinha um lugar que diziam ser abençoado, onde estava uma cruz. Lugar este onde muitos negros iam rezar, colocar flores, etc. Ali estava enterrado um escravo jovem que desencarnou injustamente. Antes do pai do Sinhô Joaquim comprar estas terras, elas pertenciam a um Coronel maldoso com os escravos. Diziam que os escravos eram muito mal-alimentados. Um dia uma escrava roubou da despensa da casa-grande um pouco de farinha para dar aos filhos. O coronel descobriu. Mas um dos filhos desta escrava, um menino de doze anos, acusou-se e foi castigado no lugar da mãe. Foi enterrado vivo em um formigueiro na mata. Teve uma morte horrível. Logo depois de sua morte, todos da redondeza começaram a rezar para o escravo inocente e valente. Começaram a se alcançar graças.

Zé do Fumo parou por instantes, deixando todos na expectativa da narrativa, depois continuou:

— Um dia, estávamos Sinhô Joaquim e eu a cavalo olhando o gado que estava do outro lado da fazenda. Quando no trilho, em que íamos apareceu uma cascavel, pronta para dar o bote. O cavalo do Sinhô Joaquim, que ia na frente, empinou. Eu gritei pelo Escravo do Formigueiro. Pedi ajuda ao menino dos milagres. Como por encanto a cobra fugiu e o cavalo parou, como se uma pessoa o tivesse segurado. Até o Sinhô Joaquim acreditou que foi ajudado pelo negrinho do mato. No outro dia fomos ele e eu levar flores e rezar para o Escravo do Formigueiro. O Sinhô mandou substituir a cruz pequena e velha por uma grande e nova. Aqui – finalizou Zé do Fumo – todos já receberam ajuda deste espírito, que é santo.

Tudo que me encabulava, indagava à Mãe Benta, ela me explicava sempre dentro do seu saber.

— Bernardino, já vi o Escravo do Formigueiro muitas vezes, ele é lindo e muito feliz. Uma vez falou comigo. Disse que sua morte não foi injusta, que por erros de outras encarnações mereceu ter esta morte. Que perdoou sem guardar rancor, até tentou ajudar este Sinhô maldoso que mandou matá-lo, aconselhando-o para o Bem. Que ali estava porque se sentia feliz em auxiliar aos outros e que o Plano maior permitiu que por muitos anos ficasse ali para ajudar os que sofrem.

— Mãe Benta, e quando terminar esse tempo?

— Irá embora. Se não vier outro espírito, como ele, atender as pessoas em seu nome, irão deixando de alcançar graças. E tudo, o local, até a história será esquecida.

— Que pena!

— Assim é a vida, tudo passa. Nós passamos pelo tempo, errando, sofrendo, aprendendo para sermos felizes quando formos bons.

Na fazenda da Sinhá Margarida, irmã de nossa Sinhá Ambrozina, havia uma escrava muito velha. Ela chamava-se Bárbara, mas todos a chamavam de Negra Bá. Muitos diziam que ela tinha mais ou menos cem anos. Quando lhe indagavam, respondia com seu modo calmo: *"Tenho muitos anos, filho, muitos."* Ela contava muitas histórias que dizia serem verdadeiras. Entre eles estava a de uma Sinhá que se apaixonou por um empregado da fazenda. Diziam que esta Sinhá, na adolescência, foi obrigada a casar com o dono da fazenda, que ela detestava. Um escravo descobriu esse amor, contou prô Sinhô em troca de sua liberdade. O Sinhô deu um flagrante na esposa e de modo cruel prendeu-a e o amante, como se fossem escravos e os torturou até que morreram. A Sinhá tinha três filhos pequenos, que ficaram com o marido assassino. Dizem que a Sinhá perdoou e foi embora para onde devem ir todos os que desencarnam. Mas o empregado não perdoou e obsediou o negro delator. Passou a ficar montado nas costas dele, usando o liberto como cavalo. Muitas pessoas o viam montado no negro. O ex-escravo começou a ficar cansado por qualquer esforço e ter horrível dor nas costas. Não conseguia mais trabalhar e foi bem infeliz, tinha saudades do tempo de escravo. Arrependeu-se por ter delatado, desencarnou por um tombo, quando bateu a cabeça.

E depois, que aconteceu? – indaguei.

Negra Bá respondeu sorrindo:

— A vida não acaba com a morte, continua. Os dois se odiando sumiram e só Deus sabe o que aconteceu com os infelizes. Talvez um tenha perdoado e ido embora, talvez ficaram anos em disputa de ódio. O certo, filho, é perdoar, esquecendo as ofensas. E, principalmente, não ofender ninguém, viver em atitude de não precisar pedir perdão.

Negra Bá também contava outra história. Dizia que, antes de vir ter na fazenda da Sinhá Margarida, foi vendida muitas vezes, mudando de lugar e de donos. Viu assim muitos acontecimentos. Era tão gostoso escutá-la, parecia que cantava. Todos ficavam atentos e só se ouvia sua voz.

Em uma das fazendas onde passou, havia um Sinhô muito mau e que uma vez, para castigar um negro, por um motivo qualquer, mandou que o coitado fosse amarrado com cordas e puxado pelo pasto por um cavalo a galope. O feitor, tão mau quando o Sinhô, passou com o cavalo num terreno ruim, cheio de espinhos e pedras. O escravo foi despedaçado. Os outros escravos da fazenda pegaram os pedaços do escravo castigado e enterraram. Algum tempo depois o Sinhô começou a sonhar com o negro, que dizia querer seus pedaços. Esses sonhos eram tão terríveis que o Sinhô acordava aos gritos e os negros da casa-grande escutavam. O Sinhô começou a sonhar todas as noites e ficou com medo de dormir. Não comia mais direito, começou a falar sozinho. Até foi junto com seus empregados tentar achar algum pedaço do escravo. Não acharam e os escravos ficaram calados, não disseram que o tinham enterrado. O Sinhô não se importava mais com nada, falava sozinho, gritava como se visse o escravo morto a todo momento. Os filhos deste Sinhô, querendo mesmo ficar livres dessa peste que nem bom pai era, fizeram uma cela no porão da casa e o prenderam lá. Viveu anos lá preso, completamente louco, até que desencarnou.

Comentei este fato com Mãe Benta e ela me explicou:

— Este negro deve ter desencarnado e seu espírito passou com ódio a obsediar o Sinhô. Começou primeiramente a aparecer em sonhos, quando deixamos muitas vezes o corpo dormindo, e em espírito, vamos a lugares e encontramos pessoas. Mas nem todos os sonhos são assim.

Sonhos podem ser de muitos modos, recordações do cérebro físico, preocupações lembradas, etc. Mas, neste caso, o Sinhô via o espírito do ex-escravo que lhe cobrava aquela ação má. Depois o Sinhô passou a vê-lo a todo momento.

— Ele ficou louco?

— Quem deve teme. A obsessão foi tanta que chegou à possessão, atingindo o físico, e ele adoeceu. Isto acontece muito. Enquanto houver maldades e as pessoas não perdoarem, existirá obsessão. Tudo isto é falta de Deus no coração.

— Deus permite estas obsessões?

— Deus ensina seus filhos a serem bons e não fazerem maldades. Mas nos deu também o livre-arbítrio. Fazemos o que queremos, mas quem faz o mal planta a erva ruim de espinhos, que vem depois a ferir na colheita obrigatória. Este Sinhô fez muitas maldades, plantou a erva ruim. O dia da colheita chega para todos, o dele ia chegar também. Mas o escravo se achou no direito de cobrar pela vingança. Teve também seu livre-arbítrio, porque se perdoasse, ia embora feliz. Não perdoou, ficou sofrendo e fez sofrer. O Sinhô ia sofrer de qualquer modo, depois de desencarnado, até reencarnado. Não necessita ninguém se vingar. As ações boas ou más que fazemos a nós pertencem.

— Mãe Benta, alguém pode obsediar, só por maldade, uma pessoa que não fez nada de mau a ele?

— Se essa pessoa é boa, não tem má colheita, é difícil. Depois os bons sempre têm outros bons para ajudá-los.

Quem não deve não tem porque pagar. Às vezes é inocente na encarnação atual, mas não nas anteriores.

— Neste caso o que se deve fazer?

— Procurar orar, perdoar, pedir perdão e procurar pessoas que entendem a ajuda que necessitam, tanto para ela como para o desencarnado.

Como se aprende com as histórias! Em cada caso uma lição importante da qual devemos tirar proveito no nosso dia-a-dia.

VII
Trabalhos do bem

Mãe Benta me chamou um dia para assistir aos trabalhos que ela fazia nas noites de sexta-feira. Participavam em todas as reuniões os que eram considerados médiuns ou, como ela falava, os que tinham dom de conversar como os espíritos. Essas reuniões eram na casa dela, que morava sozinha. Ela desmanchou uma parede e a sala, ou cômodo da entrada, ficou grande.

Os trabalhos eram à noite e, para minha surpresa, lá encontrei João, o empregado da fazenda, e a mulher de Pedro. Os dois trabalhavam com Mãe Benta.

Entrei e fiquei quieto num canto, observando tudo. De enfeite só um vaso grande com flores encostado na parede.

Todos que quisessem podiam assistir a esses encontros. Muitos que tinham problemas lá iam para receber conselhos e ajudas.

Os médiuns eram oito, cinco mulheres e três homens; ficavam de pé no centro da sala, em círculo. Mãe Benta batia palmas e todos ficavam em silêncio, havia pessoas até do lado de fora da casa por não caberem na casinha. Cantavam e dançavam devagar sempre em círculos. As cantigas eram bonitas, falavam da bondade de Deus. Às vezes batiam-se palmas. Cantigas essas que conhecia por ouvir meus companheiros cantarem quando trabalhavam, e do trabalho da cachoeira a que tinha ido. Depois de cantarem uns vinte minutos, Mãe Benta orava muito bonito pedindo proteção, depois orávamos todos juntos uma Ave-Maria e um Pai-Nosso.

Mãe Benta e João ficavam no centro da roda e a ordem era dada.

— Que recebam os espíritos que aqui vieram para uma orientação.

Os cinco da roda começavam a falar, pela incorporação. Se algum se contorcia, João ou Mãe Benta colocava a mão na cabeça dele e ele aquietava-se. Os cinco falavam ao mesmo tempo e João e Mãe Benta falavam com eles.

Prestei atenção aos que estavam perto de mim. Falando através de um médium, um espírito que fora uma Sinhá queixava-se de dores e desprezo dos seus. João, que conversava com ela, falou com educação e bondade que o corpo dela havia morrido. Ela não acreditou, espantou-se por estar entre negros. João, com ajuda da equipe desencarnada, dos bons espíritos que ali trabalhavam, mostrou a ela seu corpo que só tinha ossos, como seu corpo morreu, para que pudesse acreditar. Chorou com medo, não sabia o que fazer. Mostraram-lhe para onde ia e ela se tranqüilizou e foi afastada.

Outro a que prestei atenção foi um escravo que havia desencarnado no tronco, longe dali, em outra fazenda. Fazia um dia que havia desencarnado. Não estava revoltado e nem com ódio, só não sabia que havia desencarnado. Aceitou numa boa e foi embora feliz.

Ouvi também uma negra que desencarnou de doença e ainda sentia as dores do corpo. João, com ajuda dos espíritos, a curou e ela também foi embora feliz.

Um espírito veio bravo, queria vingar-se de todo modo. Contou que foi morto, enquanto fugia, por um capitão-de-mato. Mãe Benta conversou com ele, mostrando a inconveniência da vingança, mas não adiantou. Foi embora rancoroso, jurando vingar-se.

Vi alguns espíritos que vieram para receber ajuda e muitos bons, rodeados de luz.

Ficaram todos em silêncio. Para minha surpresa e alegria de todos, João incorporou Tomás. Antes, eu tinha visto, ou melhor, sentido meu amigo. Tomás falou alto com sua voz calma e bondosa.

— Boa Noite! Sou o amigo Tomás. Venho aqui como aprendiz ajudar vocês. Estou muito feliz. Vocês não podem ter idéia de como é bonito o lugar em que moro. Dou graças por ter suportado os sofrimentos da vida no corpo e por ter sido bom. Talvez deveria ter sido melhor. Mas pela bondade de Deus sou muito feliz. Por isso, meus irmãos, calma e paz, muita paz com todos, principalmente com nós mesmos. Queiram transmitir meu abraço a nossa Sinhá. Porque a ela devemos uma vida cativa boa e digna, e estes trabalhos. Que Jesus os abençoe!

Quatro médiuns saíram da roda e quatro ficaram e sentaram em banquinhos. Foi feita uma fila para conversar com os bons espíritos que vieram para ajudar os encarnados.

Fui também, sentei no chão, João, incorporado, me benzeu com um ramo. Quando terminou, levantei e saí. Nada falei, mas muitos conversaram, indagavam aos espíritos sobre os seus problemas e eles respondiam com bondade e sabedoria.

Depois de todos terem sido benzidos, ou melhor, terem tomado passes, os espíritos foram embora e todos voltaram a cantar, agradecendo. Depois, terminaram os trabalhos[6]. Voltávamos leves, soltos e felizes para casa. Como já era tarde não conversei com ninguém; poucos ficaram por minutos conversando sobre o que ocorreu nos trabalhos.

No outro dia à tarde, procurei curioso mãe Benta. Ela sorriu com seu jeito simples e bondoso e respondeu as minhas indagações.

— Mãe Benta, quem ensinou vocês a fazerem estes trabalhos?

— Tomás quem primeiro os fez. No começo era diferente. Jibão, um espírito escravo, (como ele mesmo dizia, antes tinha sido senhor em outras terras distantes, onde tudo era mais evoluído), com paciência, nos falava ora para fazer isto, ora aquilo. Também nos ensinava a cantar para nos consertar com a música.

— Tomás vem sempre aos trabalhos?

— Sim, logo que desencarnou ele passou a nos ajudar como espírito. É muito amigo e gosta de ser útil. Quem é bom aqui continua do lado de lá.

— Prestei atenção à conversação dos espíritos. Por que aquela Sinhá estava sofrendo?

---

(6) N.A.E. – Temos notícias de muitos trabalhos assim no tempo dos escravos. Como era muito escondido, não eram divulgados. Mas este que Bernardino nos narrou, a Sinhá, dona da fazenda, não se importava e faziam livres. Como podemos notar, foi realizado um trabalho de desobsessão onde eram incorporados espíritos necessitados de ajuda para serem orientados. Depois vimos sessão de passes. Muitas ajudas e conselhos eram dados. Os termos que usaram, repito, eram diferentes dos que uso ao escrever. Faço em termos atuais, para melhor compreensão, pois estes nem eram conhecidos naquela época, já que foi Allan Kardec quem tempos depois primeiramente se referiu a eles. Estes trabalhos entre os escravos eram feitos de muitas maneiras. O que narro era muito bom. Certamente João e Mãe Benta eram espíritos evoluídos e bondosos.

— Bernardino, muitos não se preparam para a desencarnação, ela vem e a pessoa não sabe como fazer. Isto é comum.

— Onde estava?

— Na casa dela como se fosse encarnada. Queixava-se de dores, pelo reflexo de sua morte, e de desprezo dos seus, porque, desencarnada, eles não a viam.

— Como e por que foram buscá-la?

— Todos nós somos irmãos, brancos e negros. Todos! Os bons espíritos trabalham conosco, vão pela redondeza e trazem os necessitados. Achando que esta Sinhá já tinha sofrido muito, eles a trouxeram para que pudéssemos ajudá-la.

— Eles não poderiam ajudá-la sem trazer para uma incorporação?

— Como foi feito é muito mais fácil. Por vibrar diferente ela não via os bons espíritos. Porque ela vibrava como se fosse encarnada, só via coisas da matéria bruta. E os bons vibram como espíritos que são. Também se ela os visse certamente, pensando estar encarnada, iria ter medo, julgando ver assombrações. Incorporando é mais fácil, porque ela pode comparar seu corpo com o do encarnado. E os fluidos dos encarnados a ajudam tanto a sarar como ver os fatos reais, isto é, sua desencarnação.

— Por que aquele negro foi castigado? Por que desencarnou no tronco?

— Se ele não disse, não cabe a nós só por curiosidade saber. Ele nos deu uma linda lição, perdoou e pôde, por este motivo, ser socorrido e levado para os lugares lindos.

— Mesmo tendo razão, isto é, se não fez nada de errado e foi castigado, quando não perdoar não pode ser socorrido?

— Jesus não foi crucificado sem motivos e não perdoou? Todos devem seguir seu exemplo. Pode não ter existido motivo nesta, mas sim em outras vidas passadas. A reencarnação é uma lei justa que nos leva a entender tantos porquês, tantas indagações que fazemos. Se não perdoamos, não podemos ser socorridos. Aquele que não perdoa não pode ser levado para um socorro.

— E o espírito bravo? Por que foi embora?

— Todos temos o livre-arbítrio. Ele não aceitou ser feliz. Prefere sofrer e fazer sofrer. Mas não foi inútil sua vinda entre nós, plantamos uma sementinha no seu coração. Esperamos que se lembre sempre dos conselhos que lhe foram dados. Talvez um dia canse e se volte a Deus.(7)

Comentei com Mara:

— Gostei do trabalho, achei bonitos os cantos, senti-me bem lá, vi muitos espíritos, mas não volto.

— Bernardino – disse ela –, Mãe Benta fala que você tem dom e deve trabalhar.

— Bobagem. Não volto mais.

Mas na sexta-feira seguinte lembrei-me dos trabalhos a todo momento e senti alguém perto de mim a me falar: *"Vá, Bernardino, vá..."* À tarde, resolvi ir mais uma vez e fui.

Fiquei, como da outra vez, quieto num canto, prestando atenção e tudo foi como anteriormente. Curioso, escutei os espíritos falarem através das incorporações. Impressionei-me com uma menina branca que desencarnou queimada por

---

(7) N.A.E.. – Muitos espíritos que revestiram um corpo negro, quando escravos, o fizeram para um aprendizado. Muitos aceitaram, outros não. Aprendizagem não nos é imposta. Aceitamos aprender ou não. Muitos foram espíritos instruídos que aprenderam a ser bons. Foram, são de grande bondade. Também vemos até hoje grandes obsessões pelos que não perdoaram, não aceitaram esta aprendizagem e olharam mais os erros dos outros que os próprios. Muitos espíritos que foram cativos e aprenderam a lição que a escravatura lhes deu são ótimos trabalhadores no Brasil, no Plano Espiritual.

acidente. Seu desespero era grande. Teve que ser acalmada, tiraram suas dores e ela pôde então conversar e agradecer aos negros, raça que ela julgava inferior.

Também ouvi de um negro sua triste história. Suicidou-se, porque sua mulher era amante do Sinhô. Desesperado ele se matou e havia muitos anos vinha sofrendo. Quando ele se lembrou de pedir perdão a Deus, foi trazido ali, orientado, e foi embora aliviado.

Depois desse relato, Jibão, o espírito querido de todos ali presentes, falou através de Mãe Benta e recomendou que se fizesse silêncio e que orássemos, enquanto os espíritos necessitados estavam falando e recebendo orientação.

A seguir, os quatro médiuns da roda saíram e os outros receberam os bons espíritos para o passe. Mas os quatro médiuns que saíram ficavam ajudando e foi um deles que veio me chamar.

— Bernardino, vem, está aqui um espírito que diz ser seu amigo.

Fui e sentei na frente de um médium que estava incorporado.

— Vá, Bernardino, vá! Falei com você o dia inteiro – disse o espírito e riu com bondade. Continuou, após uma pausa:

— Sou Tião. Lembra-se de mim?

— Tião!

A imagem de meu amigo veio forte à minha memória, comecei a chorar.

— Tião – disse emocionado –, sua bênção, meu amigo. Você foi tão bom comigo. Você me disse que eu ia ser feliz, morar numa casinha e ter família grande. Tudo isto aconteceu.

— Você duvidou...

— Mas aconteceu. Mas me diga, amigo, você desencarnou?

— Sim, faz um tempinho. Lembrei-me de você e vim encontrá-lo.

Fiquei alegre com o trabalho para o Bem que fazem aqui. Se você lembrou o que lhe disse a respeito da casa e família, deve lembrar também que lhe disse que você poderia ser como fui e que teria ocasião de aprender. Aqui pode aprender mais e melhor do que comigo.

Abaixei a cabeça, aquela parte não me interessava. Tião riu de novo.

— Bernardino, filho, não despreze o dom que recebeu para fazer o Bem. Só quando fazemos o Bem é que aprendemos a ser bons. Isto, o dom, é pela bondade de Deus para queimar, pelo trabalho, fluidos nocivos que nós mesmo criamos, quando fazemos o mal. Vim até você para saber como estava, por saudades e para alertá-lo quanto a seu trabalho espiritual.

— Agradeço-lhe. Tião, sou muito grato a você.

— Repito: Aquele que é realmente grato imita seu benfeitor. Adeus! Fique com Deus!

— Adeus!

Voltei ao meu lugar, pensativo. Fiquei quieto e, quando terminou, voltei depressa para casa. Não comentei o fato e ninguém me indagou.

Todos diziam que a Sinhá era médium, não agüentava de curiosidade de saber se realmente era ou não. Queria indagar-lhe, mas não me atrevia. Um dia, tendo oportunidade, o fiz. Foi quando fomos numa pequena carroça ver uma plantação. Eu fui dirigindo a carroça e ela foi sentada ao meu lado. Conversávamos animados, criei coragem e perguntei:

— A Sinhá conhece os trabalhos de sexta-feira na casa de Mãe Benta?

— Contam-me sempre o que ocorre lá, mas nunca fui.

— Por que a senhora não vai?

— Tenho medo. Já chegam as almas que vejo e escuto na casa-grande. Se for, recebo espírito e não quero.

— Por quê? – indaguei acanhado.

— Sou católica e o padre proíbe isto. Diz serem coisas do demônio. Não creio que seja do demônio. Gosto de comungar e, se for, não poderei fazer mais, porque a Igreja considera o fato como pecado mortal.

— E a senhora acha mesmo que seja?

— Não. Pecado ou erro é fazer mal a alguém. Já passei alguns apertos, porque tenho medo; mas, quando um espírito me tenta, falo a Mãe Benta ou a João e eles dão um jeito.

Pensava muito se deveria ir ou não a esses trabalhos. Ora achava que deveria ir, ora que não. E o tempo foi passando e eu não fui mais.

Às vezes o padre da cidade ia até a fazenda benzer, batizar as crianças, casar os negros e celebrar missa. A missa, se o tempo estava bom, era no pátio; se estava chovendo, era na sala da casa-grande. Todos da fazenda iam e oravam com fé. Mãe Benta rezava contente e a missa era sempre bonita. Um dia indaguei:

— Mãe Benta, você também gosta da missa?

— Gosto de orar. Deus está presente em todos os lugares. Gosta de todos os seus filhos e não importa se um chega a ele por esta ou aquela crença. O Pai nos pede que sejamos bons, que façamos o Bem e que nos amemos. É errado não respeitar crenças, porque todas são de Deus.

— Mas o padre não gosta dos trabalhos que fazem. Diz que é o demônio que comanda estes encontros.

— Nossos trabalhos só fazem a caridade e demônio não faz o Bem. Nossos trabalhos são de Deus. Depois o demônio é só um espírito mau que não aprendeu a ser bom. É também nosso irmão e eu o amo. Não podemos nos isolar dos espíritos maus, porque quem sabe se já não fomos um?

O padre ainda não entendeu isto. Ele é um bom homem. Vamos nós, que entendemos, compreendê-lo. Um dia ele perceberá. Não se separa ninguém pela crença. Gosto de orar e vejo Deus presente em todo ato de fé.

Às vezes o grupo ia fazer trabalho especial na mata, ou na cachoeira. Era para agradecer ou para fazer pedidos. Como não fui mais assistir às reuniões, um dia, Mãe Benta me alertou:

— Bernardino, pelas nossas muitas existências (porque já vivemos muitas vezes, isto é, nosso espírito já renasceu em corpos diferentes) acumulamos em nós o carma. Pode ser este carma positivo por acertos, pela vivência no Bem, que é mais difícil, porque a Terra é um lugar de aprendizagem ainda primário. Este carma também pode ser negativo pelos pecados, erros que cometemos e abusos. O carma negativo ou ruim nos incomoda e pela lei devemos nos livrar dele. É como nos enlamear e querer limpar. Esta limpeza fazemos por dois modos, pela dor, ou tornando-nos bons, ou seja, pela transformação interior para melhor. O melhor modo de se tornar bom é fazendo o Bem, a caridade, seja material ou moral. Caridade material você e eu não temos como fazer, não temos o que dar, mas a moral sim, podemos praticá-la e muito. Convido-o mais uma vez a trabalhar com seu dom, mediunidade, multiplicar o talento que o Pai lhe deu. Bernardino, queime ou elimine seu carma negativo com sua transformação interior para melhor, fazendo o Bem com sua mediunidade. Senão restará a dor para fazer isto. E pode estar certo, ela virá. Virá como uma companheira sábia e justa, uma companheira que espera sempre o indivíduo ter oportunidades de eliminar seu carma negativo pelo trabalho no Bem, que o tornará bom, e pela sua transformação interior. Enquanto você é jovem e forte venha trabalhar, venha dar de si enquanto pode. Se deixar para começar na velhice, não restará tempo.

— Tomás era velho e trabalhava e você não é tão jovem – eu lhe disse.

— Mas Tomás e eu começamos jovens e tivemos a graça de continuar na velhice, e com disposição e saúde – respondeu-me séria.

— Já sofri muito, Mãe Benta. Será que tenho ainda que sofrer mais?

— Bernardino, se já sofreu, sabe como é duro o sofrimento. Não era para você compadecer-se de outros que sofrem? Não se compadeceram de você?

— Sim, sou grato a todos que me ajudaram, isto para mim basta. Não quero trabalhar com vocês. Não pedi para nascer médium.

— Agora você diz isto. Tem a certeza de que para reencarnar não pediu a bênção da mediunidade? Acho que sim, sempre pedimos. A mediunidade é uma graça maravilhosa e devemos trabalhar com ela sempre de graça. Não quero insistir com você, alerto somente. Talvez se arrependerá no futuro.

Nada respondi, mas Mãe Benta não me convenceu. Não fui mais nem para ver os trabalhos ou reuniões. Porém respeitava todos eles e como amigos nos queríamos bem.

Estes trabalhos duraram até Mãe Benta e João desencarnarem. Depois foram escasseando e mudando. Os encarnados misturaram a religião católica e suas crenças. Mas sempre existiram pessoas boas que ajudaram outras com suas benzeduras e passes.

VIII
A liberdade

Meus filhos cresceram fortes e bonitos. As duas mais velhas, Marta e Maraína, foram ficar como damas de companhia para D. Ambrozina. Marta era meiga e bondosa, um doce de criatura. Aprendeu a bordar com perfeição e fazia dupla com a Sinhá nos seus inúmeros bordados. Maraína era linda, uma mulata encantadora, cativante e conversadeira. Chamava atenção por sua beleza perfeita e graça. A Sinhá gostava muito delas.

Quando Maraína tinha quinze anos, Jorginho, vinte anos, filho de Sinhô José, irmão da D. Ambrozina, ia muito visitar a tia. No começo, tudo natural; depois logo se desconfiou que Jorginho se apaixonou por Maraína. D. Ambrozina se preocupou e ordenou que todas as vezes que Jorginho viesse à fazenda, Maraína ficasse na nossa casa. A Sinhá me chamou e comentou:

— Bernardino, Jorginho, meu sobrinho, parece engraçado por Maraína. Acho mesmo que ele pensa estar apaixonado. Maraína de fato é belíssima. Gosto dela, é minha afilhada, mas gosto também de Jorginho. Este amor não pode dar certo. A família não consentirá que ele se case com ela e não desejo para Maraína uma união irregular. Dei ordens para que assim que ele chegue à fazenda, ela vá para sua casa e de lá não saia até que ele vá embora.

— Agradeço-lhe, D. Ambrozina. A senhora está certa, falarei com ela.

Chamei-a para ir em casa à noite para conversarmos, porque as duas dormiam na casa-grande para fazer companhia – também à noite – para a Sinhá. Ela foi e conversamos.

— Maraína, minha filha, me diga o que ocorre entre você e o Sinhozinho Jorge?

— Nada, meu pai – respondeu Maraína. – Ele só é gentil, conversamos muitas vezes e ele me olha muito.

— Sabe que ele está interessado em você?

— A Sinhá me falou, como também me pediu para ficar longe dele.

— Você gosta dele?

— Não o amo. Talvez poderia amá-lo, é muito simpático e agradável. Mas cumprirei as ordens da Sinhá, não se preocupe.

E assim fez. Quando o Jorginho chegou à fazenda, Maraína correu e ficou em casa. Mas ele foi atrás dela. Ao vê-lo se dirigir para minha casa, corri para lá. Educado como todos da família, Jorginho nos cumprimentou e pediu licença para conversar com Maraína.

— Desculpe-me, Sinhozinho Jorge – disse-lhe –, mas minha Sinhá, que é minha dona, me deu ordens para não deixar o senhor conversar com minha menina.

— Está bem – respondeu Jorginho –, então fique aí e escute nossa conversa. Maraína – disse olhando-a com carinho –, gosto de você, quero você para mim. Não importa se minha família não aprova nosso amor. Quero você!

— Quero como? Não irá casar comigo, não é?

— Venha comigo, depois resolveremos.

— Não vou não, senhor! Não o amo e não quero ir.

— Você aprenderá a me querer.

— Não vou!

Correu para o quarto. Sinhô Jorginho, sem saber o que fazer, foi embora e fui e contei tudo que se passou a Sinhá. D. Ambrozina falou tudo ao irmão, que mandou o filho para o Rio de Janeiro passar uns meses em passeio. Ele não queria ir, mas acabou indo.

Maraína tinha muitos pretendentes, eu a incentivei a aceitar um e se casar. Ela então passou a namorar Antônio, filho de Chico, empregado da fazenda. Ele era louro, bem claro. O namoro foi rápido e casaram. O casamento foi de gosto, porque ele era bom e trabalhador. Foram felizes.

Quando Jorginho regressou, meses depois, foi logo visitar a tia e encontrou Maraína casada. Decepcionou-se mas não fez nada, só que não foi mais visitar a tia.

Minha vida na fazenda Sant'Ana foi tranqüila e feliz. Mara e eu amávamos e respeitávamos D. Ambrozina como uma mãe. Ali vi as leis da Abolição surgirem. A "Lei do Ventre Livre", a "Lei do Sexagenário". Com elas muitas alegrias e também histórias tristes. Tive filhos libertos que mais tarde foram empregados na fazenda. Foram tratados como também os velhos que ficavam por ali, sendo sustentados. A lei não mudou nada na fazenda. Ali os velhos já não trabalhavam, nem os doentes, e todos eram bem tratados.

Mas nem todas as fazendas eram assim. Um dia chegou à fazenda do Sinhô José uma negra com três filhos pequenos libertos e ela esperava outro. Pediu abrigo.

— O Sinhô me deixe ficar aqui. Meu dono me enxotou da fazenda, porque, segundo ele, estava me sustentando e a meus três filhos. Ele me disse para não arrumar mais, como engravidei, ele me mandou embora.

Sinhô José, homem muito bom, deixou-a ficar – e não é que a danada teve nove filhos, que foram criados livres, depois espalharam-se pelo mundo.

Esta escrava foi enxotada junto com os filhos; muitas vezes os senhores das fazendas enxotavam crianças e elas saíam vagando e esmolando. Isto era proibido, mas era feito. Com os velhos, ex-escravos, também acontecia muito disto, eram enxotados e, sem terem para onde ir, começavam a vagar, a esmolar nas cidades e redondezas.

Em toda época da escravidão, houve muitos casos tristes. Se não fosse a Lei de Causa e Efeito, a escravidão seria uma injustiça, mas a cada um é dado o que merece.

Quando a "Lei Áurea" foi assinada, chegou a notícia para nós cinco dias depois. Foi recebida com muita alegria e festa. A Sinhá mandou matar um novilho e fizemos um churrasco, cantamos e dançamos a noite toda. Só dois ex-escravos saíram da fazenda para dias depois voltarem famintos e envergonhados, pedindo para D. Ambrozina aceitá-los de novo. Ela bondosa os aceitou.

Achei boa a liberdade só porque tinha medo da Sinhá morrer e seus parentes nos venderem.

Mas foi uma arruaça. Os libertos não sabiam o que fazer, saíam das fazendas procurando não se sabe bem o quê. Sem abrigo e comida logo estavam famintos. Sem rumo não sabiam o que fazer com sua liberdade, não sabiam o que era ser livre. Estávamos no inverno, na região o frio era rigoroso e esses andarilhos sofriam muito, sem abrigo. Muitos saíam das fazendas e passavam a andar sem rumo.

Como a Fazenda Sant'Ana e D. Ambrozina tinham fama de ser boas para os escravos, muitos foram lá, pedindo abrigo. Os primeiros que chegaram a Sinhá os colocou no galpão. Alimentou-os e eles não queriam ir embora. A Sinhá não podia empregar todos, os que tinha na fazenda eram o bastante. Como muitos queriam entrar na fazenda, tivemos que fazer guarda e não deixar passar da porteira. Lá dávamos a eles roupas e alimentos. Mas foi uma confusão, eles andavam e voltavam para comer. Entravam nas plantações, roubavam alimentos e animais. Tivemos que pôr todos os pedintes para fora e guardar bem a fazenda.

Muitas pessoas, nas redondezas, brancas e negras, acabavam por morrer ou ferir-se em conflitos. Eram negros que tentavam roubar, brancos que se defendiam.

Até nós, ex-escravos da Fazenda Sant'Ana, demos de nossas recompensas em esmolas para os libertos que pediam na porteira. Nossa Sinhá deu muito, mandava fazer tachos de comida, deu remédios e roupas.

Muitos libertos eram bons, mas a maioria era vadia e arruaceira.

Ficava sempre de guarda. Meu tamanho impunha respeito, mas sempre conversava com os negros e deles escutei muitas histórias.

Um dia veio até à porteira esmolar uma velha preta com o filho de seus trinta anos, que era mudo, porque lhe cortaram a língua, como também as duas orelhas. Ele escutava pouco e comunicava por gestos. A mãe me disse que por ele ter contado a Sinhá que o Sinhô estava de namoro com uma negra, o Sinhô, por castigo, mandou que fizessem isso com ele. Disse também que naquela fazenda não ficou nenhum negro. Tive dó, dei roupas minhas e de Mara para eles e o último dinheiro que tinha. Contei o fato a D. Ambrozina, que respondeu triste:

— Queria poder recolher todos, mas não é possível. Que fazer com muitos negros aqui? Não teria trabalhos para todos e muitos deles são arruaceiros. Tive que mandar até os que recolhi embora.

— A senhora tem razão, não ia dar certo recolher mais alguém.

Quando a Sinhá recolheu os primeiros negros que pediram ajuda, eram quinze e só aprontaram confusão. Não queriam trabalhar, exigiram alimentos bons e dois deles quase estupraram Chiquinha, uma mocinha da fazenda.

Os negros da fazenda, agora empregados, não queriam trabalhar para sustentar vagabundos. Por isso a Sinhá teve que mandá-los embora. Também porque a todo momento vinham bandos pedir auxílio.

Um negro queria uma arma emprestada para matar o feitor da fazenda onde morava. Como neguei-me a emprestar, ele me almadiçoou e foi embora xingando.

Um outro me disse:

— Vá lá, ô empregado, me traga um prato de comida boa. Quero boa! Não é aqui a fazenda que trata bem os escravos?

Ele disse empregado como se fosse de muita importância, e até que era. De escravos a empregados parecia a ele muita diferença. Não para nós da fazenda Sant'Ana.

— Não sabe pedir com humildade?

— Não enche! Sou de briga. Bato em você se não me trouxer já um prato de comida.

— Ora, vá embora, negro!

— Não me chame de negro, imbecil!

Tentei não lhe dar atenção, mas ele ficou me provocando e xingando até que perdi a paciência. Abri a porteira e o desafiei.

— Você diz que me bate. Pronto. Aqui estou para brigar.

Ele me acertou um murro no rosto e caí. Levantei e o enfrentei. Brigamos feio. Ele sabia lutar e eu também. Mas venci e o pus para correr.

Uma outra vez, fiquei com muita dó de um ex-escravo, ele estava todo machucado. Contou sua história com voz triste.

— Quando a notícia da libertação chegou à fazenda, eu estava no tronco e acabava de ser castigado. Apanhei porque roubei.

— Que roubou para ser castigado assim?

— Roubei aguardente da casa-grande.

Mandei que esperasse e fui falar à Sinhá. Ela mandou que o recolhesse. Cuidamos dele, fizemos curativos, ele ficou três dias no galpão, mas era mal-educado, mexeu com as mulheres, queria pinga. Tivemos que mandá-lo embora.

Uma mulher com três filhos pediu abrigo. Disse humilde:

— Diga a Sinhá que venho da fazenda do Sr. Leônidas. Queria que a D. Ambrozina nos recolhesse.

Estavam adoentados de fraqueza. A Sinhá deu ordens para que a deixasse e aos filhos entrar e lhes deu uma casinha que estava vaga para morar. Mãe Benta logo os curou. E passaram a morar conosco. Uma das filhas dessa mulher, Nascina, era débil mental. Mas para o espanto de todos, ela tinha um dom raro, sabia os nomes das estrelas e a distância que estavam da Terra. Nós, que não entendíamos nada disso, nos divertíamos com ela. Às noites sentávamos e pedíamos:

— Nascina, como se chama aquela ali?

Começamos a achar que ela sabia, quando falava sempre o mesmo nome para uma estrela apontada. Os sobrinhos da D. Ambrozina, quase todos, se interessaram pelo fato. Um deles uma noite trouxe um livro grande que falava sobre as estrelas. Ele indagava, conferia e, para o espanto de todos, ele disse que ela não errou nenhuma. O Padre chegou a benzê-la, mas nada adiantou. Mãe Benta dizia que era ela mesma que sabia, que aprendera em outra existência. Um dia, Pedro estava somando e resolvendo um problema com os ordenados. Nascina chegou perto, ficou olhando por minutos e deu o resultado, que após Pedro conferir era o certo. Aí descobrimos que ela fazia contas de cabeça e conhecia os números. Mas a coitada não viveu muito. Ficou doente na cama por meses e depois desencarnou. Mãe Benta disse que ela foi em espírito aos trabalhos que se faziam na sexta-feira à noite. Ela incorporou educadamente, agradeceu a todos falando correto, como os brancos, e foi embora para não voltar. Talvez, como Mãe Benta disse, tenha ido reencarnar. Curioso, perguntei a Mãe Benta:

— Mãe Benta, por que será que Nascina encarnou nesta vida doente e escrava?

— Talvez, Bernardino, ela tinha abusado de sua inteligência em existência passada e veio débil mental. Escrava, para aprender a dar valor à raça negra. Tudo isto serviu para que aprendesse a amar a todos como irmãos.

Um caso também interessante foi de uma mulata, com um filho branco no colo, que apareceu na porteira da fazenda, querendo falar com a Sinhá. Insistiu tanto que D. Ambrozina veio ver o que ela queria.

— Sinhá, falou ela, meu filhinho é branco, forte e bonito. Quero dá-lo para a senhora. Sei que não tem filhos. Fique com ele, por favor.

— Por que não o quer?

— Não tenho como criá-lo.

— Fica na fazenda com ele, cuido dos dois.

— Mas... – fez uma pausinha, encabulada – é que quero ir para a Corte, para o Rio de Janeiro, ter uma vida livre, aproveitar a mocidade.

— E o filho atrapalha?

— Sim.

Pedro, que fora junto, ouviu tudo, chamou a Sinhá para um lado e disse:

— D. Ambrozina, meu filho Carlos, casado há três anos não tem filhos, ele e a esposa estão querendo um filho há tempo. Agora, querem adotar um. Vou ficar com este para eles.

Retornaram para perto da mulata, da ex-escrava, e Pedro falou:

— Eu sou empregado aqui, fico com seu nenê.

— Empregado? Mas queria que a Sinhá ficasse com ele.

— Não posso – disse D. Ambrozina. Estou velha e sou solteira. Não sei se terei tempo para criá-lo. Se você quiser, Pedro ficará com ele, senão, pode ir embora.

— Está bem, vim para deixá-lo e o farei. Aqui está. Coloquem o nome que quiserem nele, não é batizado.

Entregou o filho, virou-se e foi embora e nunca mais apareceu. Pedro levou a criança para seu filho Carlos, que ficou muito feliz. O casal criou o garoto como filho, era uma criança linda e dócil.

Todos os escravos da Fazenda Sant'Ana ficaram como empregados, morando nas casas e recebendo por mês um salário. Para nós, para mim, pouco mudou. Vivíamos felizes e continuamos.

Com o tempo foi acalmando e a fazenda não necessitou mais ser vigiada. Os negros foram ajeitando-se quase todos nas fazendas mesmo, muitos voltaram para as que tinham saído e tudo voltou ao normal.

Meus filhos casaram, D. Ambrozina envelheceu, Mara e eu fomos morar com ela na casa-grande. Cuidávamos dela com todo respeito e carinho. A fazenda ficou nas mãos de empregados. Como estes eram bons, tudo estava bem, a fazenda continuou próspera e lucrativa. Aos poucos os velhos empregados, como Pedro, João e Chico desencarnaram, e, também, Mãe Benta para a tristeza de todos na fazenda. Eu senti muito a desencarnação daquela preta-velha que era realmente a mãe de todos, ela fez muita falta na fazenda.

Os irmãos da Sinhá também desencarnaram, só lhe restavam os sobrinhos, que raramente iam vê-la. D. Ambrozina não saía mais da fazenda. Por uma doença nas pernas, a Sinhá não andava mais e era eu, ainda forte, que a carregava para todos os lados da casa. Quando queria passear pela fazenda, colocava-a na carroça e ia por onde ela queria. Estava magra, abatida e velha, mas os olhos continuavam grandes e bondosos. Tornamo-nos grandes amigos, Mara, eu e D. Ambrozina.

Um dia, D. Ambrozina me chamou na sala.

— Bernardino, meu amigo, o que você e Mara fazem por mim nenhum parente fez ou fará. Sabe que meus herdeiros por lei serão meus sobrinhos. Mas quero recompensá-los. Aqui está uma boa quantidade de dinheiro. Quero que compre um sítio para vocês.

Nunca vira tanto dinheiro.

— D. Ambrozina, não precisa me recompensar, o que faço pela senhora é mais minha obrigação. Devo-lhe muito.

— É grato realmente. Mas quero presenteá-lo e não discuta comigo. É seu este dinheiro! Você merece! Quero que ao morrer estejam você e sua família amparados e tenham para onde ir.

— Deus lhe pague! – agradeci comovido.

Com aquele dinheiro comprei um sítio perto da cidade e para lá foram cinco dos meus filhos morar e trabalhar. Mara e eu ficamos com a Sinhá. Por nada neste mundo íamos abandoná-la. Os braços dela também foram perdendo os movimentos. Mara e mais duas empregadas é que lhe davam banho e a alimentavam. Eu ficava o tempo todo perto dela, olhava tudo para ela na fazenda, carregava-a pela casa. Algum tempo antes de desencarnar, a Sinhá também quase não enxergava, mas continuava bondosa e educada. Um dia, estava ela sentada na varanda, desencarnou quietinha. Mara e eu, como todos os empregados, choramos muito. Os sobrinhos fizeram um bonito enterro. Um dos sobrinhos comprou as partes da fazenda dos outros herdeiros e ficou sendo o único dono. Todos os empregados continuaram lá. Convidou-nos para ficar lá, não aceitamos, tínhamos, pela bondade da Sinhá, para onde ir. A fazenda continuou com o mesmo nome e este novo dono, pessoa boa, continuou com ela próspera.

Senti muito a desencarnação de D. Ambrozina. Chorei sentido, queria-lhe muito, era-lhe grato, éramos amigos. Ela foi rica, branca, eu negro e escravo, mas uma amizade carinhosa, pura, honesta nos ligou. Eu era grato, ela bondosa. Amizade assim, a morte não separa.

IX
O porquê dos sofrimentos

Mara e eu fomos para o nosso sítio, mas meus filhos, que havia anos moravam e trabalhavam nele, não gostaram de nossa ida. Julgaram-se donos e nossa presença ali os encabulava. Já estávamos velhos, mas éramos fortes ainda. Eles nos deram para morar uma casinha pequena, menor que as casas da fazenda Sant'Ana. Ficamos tristes por nos sentir rejeitados pelos filhos, mas nada comentamos. Mara arrumou a casinha e ela ficou bonita, para nós estava bom. Era gostoso estar entre os filhos, netos e bisnetos. A garotada logo aprendeu a nos querer bem, gostavam de escutar nossas histórias sobre os escravos. Sentávamos às vezes com eles embaixo de árvores e a ali passávamos horas brincando ou contando as histórias. Mas isto durou pouco.

Já fazia algum tempo que eu estava gripado e tossia muito, emagrecia e sentia fraqueza. Ao mudar para o sítio senti mais a doença. Mara pediu aos filhos para me levar ao médico na cidade, eles hesitaram, mas acabaram por concordar.

Dr. Plínio, bom médico, me examinou e logo constatou:

— O Sr. Bernardino está com tuberculose!

Já ouvira falar desta horrível doença, incurável naquela época, mas não sabia direito o que era. Dr. Plínio pacientemente nos deu as explicações devidas. Mara e eu prestamos muita atenção. Quando chegamos ao sítio e contamos para meus filhos, eles ficaram apavorados, com medo do contágio. Eles tinham filhos e até netos e não podiam arriscar-se a contrair a doença. Assim, em tempo recorde, construíram um cômodo, uma cabana longe das casas, para mim. O local era isolado, mas fizeram bem-feitinha. As crianças foram proibidas de me ver e eu, de sair da casa. Quando o cômodo ficou pronto, eles tentaram me convencer a ir para lá. Segundo eles, era o melhor para todos. Fui sem reclamar. Estava doente e não queria transmitir esta doença a mais ninguém. Fizemos a mudança. O que senti mais era ficar sozinho, já que Mara não ia ficar comigo.

— Ela está sadia, meu pai, disse um dos filhos, poderá adoecer. O senhor entende...

— Entendo – disse triste.

Fiquei lá sozinho, proibido de sair. Só à tardinha, quando anoitecia, saía para andar um pouco. Mara vinha duas vezes por dia me trazer comida, água e limpar o cômodo. Ela também estava velha, andava da casa ao cômodo um bom pedaço e ficava cansada. Às vezes, vinha arrastando-se. Um dia indaguei:

— Por que um dos netos fortes e jovens não vem, pelo menos uma vez ao dia?

— Porque eles têm medo da doença. Também porque fico preocupada com você aqui sozinho. Quero vê-lo.

— Estou bem, Mara. Venha só uma vez ao dia, que está muito bom.

Mara passou a vir só uma vez. Vinha, limpava tudo, esperava que comesse e conversávamos. Lembrava-se do passado, do tempo feliz com nossa Sinhá, na Fazenda Sant'Ana.

Esperava ansioso as visitas de Mara e entristecia-me quando ela ia embora. Meus filhos mandavam recados, abraços. Retribuía. Não fiquei magoado com eles. Compreendi e lhes queria bem. Ninguém, nem parente foi me visitar, nem me olhar de longe.

Mas a tuberculose me definhava, comecei a ter dores no peito. A febre parecia queimar por dentro, tossia muito e comecei a expelir sangue. Mas do que mais sofria era da solidão, do isolamento. As noites pareciam não terminar. Chorei muito. Uma noite vi com clareza Mãe Benta. Ela aproximou-se de mim, não temi, não tinha por que ter medo de Mãe Benta, que sempre foi tão boa. Sorriu, estava linda, forte e de aspecto jovem.

— Bernardino...

— Mãe Benta, alegro-me em vê-la. Veio me ver? Sofro muito!

— Lembra o que lhe disse, meu filho?

Fiz um esforço, mas ela me ajudou.

— Disse que você tinha um carma negativo para queimar, se não fosse pelo trabalho no Bem; ia ser pela dor.

— Lembro! Neguei-me a trabalhar.

— Sim, era jovem e forte, tinha o dom da mediunidade para fazer o Bem, recusou. Deixou de fazer e aprender, porque quem faz o Bem a outros a si faz, e muito se aprende.

— Pensei que não ia sofrer mais. Mas me diga, Mãe Benta, se tivesse trabalhado com a mediunidade para o Bem não precisaria sofrer como estou agora?

— Bernardino, quando trabalhamos para o Bem temos oportunidades de aprender e tornar-nos bons. Nossos erros estão em nós, em nosso perispírito, como lama que necessita ser lavada, transformada. Ou fazemos isto pela nossa mudança interior ou fazemos pelas lágrimas de dor, ou seja, pelo sofrimento.

— Estou tão só!

— Sinta Deus em você!

— Ajude-me!

— Sim, vim para ajudá-lo. Darei um passe que irá ter a bênção do sono. Mas minha maior ajuda é lembrá-lo da oração. Deve ser resignado, aceitar todo o sofrimento com paciência, porque, Bernardino, se não sofremos com resignação, o sofrimento pouco adianta. Não está sendo castigado. A dor é companheira abençoada que nos ajuda a transformar para melhor. É pela dor que tantas vezes recorremos a Deus e nos lembramos Dele. É pela dor que reconhecemos nossos erros e fazemos propósito de melhorar. Que Jesus o abençoe.

Foi-se afastando e foi me dando sono, dormi a noite toda. Só acordei na manhã seguinte, quando o sol clareava meu aposento.

Pensei muito nos conselhos que Mãe Benta me dera. Desejei que outros amigos desencarnados viessem me visitar e, assim, recebi emocionado tantos desencarnados que vinham me trazer conforto e conselhos. Alegrei-me em ver D. Ambrozina, que estava bem e sadia.

— Bernardino – disse ela –, estou feliz. E confie, logo você também estará. Tenha paciência!

— A senhora é tão boa!

— Você também é bom, me ajudou tanto!

— Muito lhe devo!

— Não, meu amigo, não me deve nada. Amigos fazem o bem pelo prazer. Queria ajudá-lo mais, mas não posso. Oro por você e peço a Jesus lhe dar forças e paciência. Virei sempre vê-lo.

Assim, pelos amigos desencarnados não estive tão só e a solidão não me castigava mais.

Tomás também veio me ver. Ao me falar do meu carma negativo, indaguei:

— Tomás, você não poderia me ajudar a lembrar meu passado? O porquê do meu sofrimento?

Ele pensou um pouco e respondeu:

— Não sei se devo. Perguntarei aos meus superiores, volto amanhã.

No outro dia, Tomás me visitou radiante.

— Bernardino, posso ajudá-lo a lembrar. É isto realmente que quer? Não irá se aborrecer com seus erros?

— Já sofri e sofro por eles. Sei que devo ter sido terrível. Quero lembrar!

— Há muito tempo você, Bernardino, vem abusando dos seus conhecimentos sobre a força da natureza e dos poderes mentais e espirituais, da mediunidade. Encarnou muitas vezes na Índia...

Tomás foi falando e fui lembrando. Na última vez que encarnei na Índia, adquiri muitos conhecimentos. Antes de reencarnar havia prometido ajudar a ciência em favor do Bem e, com meus conhecimentos, auxiliar meu próximo.

Fui um senhor rico e poderoso dono de terras e de uma casa grande e linda. Usava na testa uma pedra muito bonita. Era um amuleto, uma linda pedra de rubi, que comprara de um sábio feiticeiro. Esse mago através de magia ligava a pedra encantada a minha pessoa para me dar força, coragem e poder sobre os meus inimigos. Usei-a por toda essa existência. A pedra me marcou tanto, que a plasmei no meu perispírito. Assim, nas duas encarnações posteriores trouxe-a em forma de pinta, no meu corpo físico.

Tive muitos escravos, ou melhor, servos escravizados pelo meu poder hipnótico. Meus servos moravam no fundo da minha casa, em quartos separados. Não os maltratava. Gostava de ser bem-servido e não despender minha fortuna com eles. Usava do meu poder mental para tê-los sem pagamento. Procedia assim com eles: ao contratar o servo, tentava hipnotizá-lo, se conseguisse, ficava trabalhando comigo, senão, era dispensado. Preferia os que não tinham parentes ou que estes estivessem longe. Os que ficavam recebiam só o necessário para viver. Para não dar comentários, casava-os entre si, sendo eu que escolhia os pares. Pareciam autômatos, falavam pouco e quase não saíam da propriedade. Não bisbilhotavam, podia trabalhar sossegado em uma parte da casa, onde só entravam alguns raros convidados, magos como eu.

Interessei-me pela magia com doze anos, quando um mago visitou meu pai. Pedi ao meu genitor para ter algumas aulas com aquele sábio. Sabia ler e escrever com precisão e gostava muito de ler. O sábio ficou conosco três anos e me ensinou muito. Ou melhor, recordei com ele o que já sabia de outras encarnações. Quando o mago foi embora, estudei por dois anos sozinho. Depois, com permissão de meu pai, viajei em busca de conhecimentos. Fui atrás de diversos astrônomos, magos, feiticeiros e por cinco anos aprendi muito. Voltei ao lar e recebi a herança, umas terras longe da casa paterna e muitas jóias. Fui para lá, onde passei a residir e organizei minha vida. Era um lugar bonito e me cerquei de plantas exóticas.

Na parte da casa reservada para mim, que chamava de laboratório, fazia minhas pesquisas e experiências. Tinha ali tudo que necessitava para meus estudos. Estes estudos e experiências eram sobre astronomia, de escritos antigos sobre propriedades da alma, como a mediunidade, principalmente a de efeitos físicos, energias do perispírito, plantas que intoxicam o perispírito e as que purificam. Fui um grande egoísta, não usei meus conhecimentos para o bem e nem os passei a ninguém. Os resultados desse estudo surpreendente guardei-os só para mim. Também não fiz mal, exceto aos servos e esposas que hipnotizei. Sabia fazer o bem e o mal, preferi ficar só com os conhecimentos sem usá-los.

Casei, tinha quatro esposas, não me importei com nenhuma delas. Para evitar queixume e brigas, hipnotizava-as. Tive filhos, mas não os amei, eram-me indiferentes, tratava de educá-los e dar estudo básico, como ler e escrever, sem importar se eram felizes ou infelizes. Meu sonho era que um dos meus filhos seguisse meus passos, gostasse e tivesse o dom para magia. Mas infelizmente – agora digo felizmente – nenhum deles nasceu com este dom.

Passava horas e horas trancado no meu laboratório cada vez mais encantado com meus estudos e pesquisas.

Se o rubi, o amuleto, evitava que forças negativas me atingissem, não pôde me proteger das minhas próprias, as que criei com meu egoísmo. Sabia que se pode adiar a colheita da nossa plantação ruim, mas nada consegue impedir de um dia fazê-la. Fiquei doente e sabia que minha doença era incurável. Chamei para me ajudar os magos e sábios que conhecia, usamos de todos nossos conhecimentos e não consegui sarar. Sofri muito, fui apodrecendo em vida, meu corpo cobriu-se de feridas que pareciam queimaduras e doíam como tal. Com cinqüenta e quatro anos desencarnei, após muitos padecimentos. Com minha desencarnação acabou a força hipnótica na minha casa e todos pareceram acordar após um longo sono. As esposas e os filhos deram graças por eu ter desencarnado. Com medo do meu laboratório, pegaram tudo que havia nele, levaram para o pátio e queimaram. Desencarnei e vi todos os acontecimentos, foi com grande pesar que presenciei eles acabarem com tudo que tanto amei e a que me dediquei. Sabia, pelo estudo, me desligar do corpo. Não foi fácil como pensava, desliguei pouco antes de ser cremado. Pensei em ficar na minha casa. Mas um bando de espíritos que escravizava perseguiu-me e me torturou por tempos, porque me achava fraco. Mas, quando me recompus, acabei por lutar com eles. Tinha conhecimentos e forças mentais para dominá-los. Eles não me enfrentaram, preferiram me abandonar. Sozinho, vaguei e sofri sem descanso. Abusara de um dom precioso, a mediunidade, e da força do meu pensamento. Percebi então que muito errara e não quis errar mais. Os magos do Umbral me convidaram para ficar com eles, mas não quis. O remorso foi chegando e chorei muito, preferi ficar sozinho numa gruta. Assim fiquei muito tempo sofrendo pelos meus erros.

Um dia, um espírito bondoso, um socorrista, conversou comigo:

— Filho, o remorso destrutivo não leva a nada. Por que não pede perdão e vem conhecer outra fase da vida espiritual que é reservada aos bons?

— Acha mesmo que posso ser perdoado? – indaguei esperançoso.

— Claro, Deus ama a todos nós e a você também.

Pedi perdão com toda a sinceridade e o socorrista me levou para um abrigo, um Posto de Socorro. Achei maravilhoso, fiquei tempos ali aprendendo as lições da boa moral. Sabia que ali era morada dos que mereciam, estava como hóspede, tinha necessidade de reencarnar. Pedi ao orientador da casa:

— Bom mestre, antes que reencarne, tire de mim estes conhecimentos, tire-me o dom da mediunidade. As encarnações em que desenvolvo esta faculdade e o poder mental eu não uso para o Bem.

— Conhecimentos adquiridos a nós pertencem. Você tem que vencer a si mesmo.

— Não posso me fortalecer primeiro? Aprender a ser bom para depois usá-las para o Bem?

— Pode. Estas faculdades adormeceram em você, mas as terá novamente aos poucos.

— Quero recomeçar. Abusei sempre dos meus conhecimentos. Quero, se possível, reencarnar entre irmãos sem instrução e reaprender começando do nada.

— Você poderá reencarnar entre espíritos ainda ignorantes de conhecimentos, mas sofrerá com isto.

— Se for possível, é assim que quero.

Assim, obtendo a graça, foi atendido o meu pedido. Reencarnei na África. Minhas faculdades adormeceram, nasci entre primitivos para um abençoado recomeço. Sofri muito, era estranha a tribo para mim. Era forte, alto, com a pele mais clara que os demais, os traços mais suaves e com uma enorme pinta na testa. Pinta que também possuía como Bernardino, lembrando uma pedra oval. Fui triste e calado, era diferente dos outros da tribo. Tinha muitas saudades e não sabia de que e por que as tinha. Meus pais, pensando que estava doente, me levaram ao feiticeiro da tribo. Este percebeu que eu tinha perseguidores desencarnados, espíritos bem estranhos a ele. O grupo de três espíritos que não me perdoaram esperava uma oportunidade para se vingar de mim. Como não puderam comigo, quando desencarnados, esperaram que voltasse à carne. Sem mediunidade não puderam me obsediar como queriam, mas tentavam me prejudicar e o fizeram.

O feiticeiro, para tentar me salvar dos obsessores, me fazia tomar ervas que me causavam muito mal. Muitas vezes fiquei sem me alimentar em certas fases da lua, outras vezes me deixou preso sem tomar água. Ordenava que fizesse rituais ridículos e perigosos; muitas vezes fiquei a noite toda amarrado em árvores e até surras levei, e foram muitas vezes que me machucava todo.

Cada vez mais tinha crises de tristezas e agonia, era meu espírito sentindo saudades das encarnações anteriores.

Um dia este curador me deu uma tarefa – tinha que agradar os deuses – e, para isto, teria que subir num morro de difícil acesso e colher umas ervas para ele me preparar um banho que me livraria dos demônios, ou seja, dos meus perseguidores. Ao subir no penhasco caí e desencarnei. Tinha vinte anos. Fui socorrido pelos espíritos desencarnados pertencentes à tribo. Meus perseguidores foram embora, julgando-se vingados. Foram embora tristes e infelizes, tanto como eu estava. A vingança é uma espada de dois gumes. Todo ato bom ou ruim a nós pertence e teremos de dar conta deste ato um dia. Comecei aprender, através da dor, a dar valor à pessoa humana. Aqueles espíritos da tribo que ali ficavam ora esperando para reencarnar, ora ajudando a todos, me auxiliaram a encarnar novamente. Voltei como Bernardino.

Minhas lembranças terminaram, chorei e Tomás me consolou.

— Bernardino, lembranças estão em nós, não podemos fugir do passado, mas podemos construir nosso futuro.

— Novamente não fiz o Bem com a mediunidade – queixei-me triste.

— Mas também não fez o mal! Talvez por ter você feito o mal com a mediunidade anteriormente, nesta encarnação sentiu medo de errar com ela e se recusou a despertá-la e trabalhar com ela.

— Isto não justifica meus atos. Minhas faculdades nesta vida começaram a despertar. Na próxima, devo ter este dom mais acentuado. Que irá ser de mim?

— Você deve se preocupar com o presente. Poderá desta vez se preparar melhor para reencarnar. Você nesta encarnação foi grato, fez amigos, sofreu resignado, tudo lhe será diferente. Quando seu corpo físico morrer, poderemos desligá-lo e irá para um lugar bonito, onde irá se preparar e voltar com melhor disposição para fazer o Bem.

Não dormi naquela noite, fiquei pensando em tudo que recordei. Entendi o porquê dos meus padecimentos. Mas não me amargurei com meus erros, senti que estava terminando de quitá-los. Orei, acabei por agradecer a Deus pelos meus sofrimentos. O Pai é bom demais por nos dar novas oportunidades.

Fui definhando, às vezes tinha sede e não conseguia pegar a caneca d'água que Mara deixava num caixote à beira da cama. Não levantei mais do leito. Meu corpo dolorido começou a ferir-se. Minha companheira de anos, Mara, chorava ao me ver assim. Não reclamei. Às vezes chorava, mas lágrimas sem reclamações são águas que lavam o perispírito. Continuei a receber as visitas dos amigos espirituais.

Até que um dia...

X
Desencarnação

Era tardinha, senti-me mais tranqüilo, adormeci sem dores, ou melhor, senti dormir, mas era um sono estranho, pois não perdi a consciência. O que ocorreu de fato foi que desencarnei. As cenas de minha desencarnação me pareceram confusas, vi todo o acontecimento dando a impressão de que sonhava. Senti uma sensação de bem-estar que havia tempo não sentia. Vi vultos que não diferenciei, mas sabia serem Tomás, João e Mãe Benta. Conversavam tranqüilos entre si, eu não entendia, só compreendia quando eles falavam diretamente a mim frases de incentivo, como esta:

— Bernardino, fique calmo. Tudo está bem!

— O que está acontecendo com você é natural. Procure ter calma!

Confiando nos amigos procurei ter calma e orei muito com fé. Sentia-me bem e as dores sumiram. Sentia os amigos mexerem no meu corpo. Não doía, sentia como se colocassem a mão em certas partes do meu corpo.(8) Tempos depois – não sabia dizer quanto tempo – me informaram que foram

(8) N.A.E. – Este processo de desligamento é totalmente sem dor.

duas horas somente, senti meu corpo flutuar sobre o leito. E, como me disseram após, meu desligamento foi relativamente rápido, porque pela minha doença esse processo já vinha sendo feito de forma natural. Era meu espírito que se ia desligando devagarinho do meu corpo frágil. Não tive medo e nada senti ao abandoná-lo. Aí escutei de Mãe Benta:

— Este corpo, Bernardino, foi um veículo abençoado que seu espírito utilizou para um aprendizado.

"É mesmo" – pensei, e tratei de agradecer esta dádiva. "Pai, agradeço este corpo que me deu para viver mais uma encarnação".

Mas não senti deixá-lo, era isto que queria desde que fiquei doente e sozinho na cabana. Estava cansado de sofrer.

— Agora vamos levá-lo a um outro lugar – disse um dos meus amigos.

Senti que me pegaram nos braços como se faz com uma criança em tenra idade. A sensação que tive foi que me locomoveram. O fato é que me transportaram pela volitação para um local de socorro. Colocaram-me num leito limpo e cheiroso; eu também me senti limpo, porque ultimamente Mara não conseguia me banhar. Acomodei-me gostosamente no leito e me cobriram com um lençol.

— Bernardino, durma agora para se refazer. Tente descansar.

Senti-me meio tonto, sonolento, e tentei obedecer ao conselho. Fechei os olhos, mas não dormi de imediato. Fiquei relembrando os últimos acontecimentos, achando ótimo estar ali sem dores e limpo. Acabei por adormecer. Acordei e temi ter sonhado. Abri bem os olhos e observei tudo curioso.

— Ainda bem que não sonhei! – suspirei aliviado, vendo que estava num lugar estranho.

Tomás aproximou de mim sorrindo.

— Tomás, que bom vê-lo! – falei eufórico.

Abracei-o contente.

— Seja bem-vindo! – respondeu ele amável.

— Obrigado por tudo. Ajudaram-me bastante e sou grato. Desencarnei mesmo, não é?

— Sim, você desencarnou.

— Que bom!

Estava alegre e feliz, sentindo-me bem, sem dores. Olhei-me. Nada de feridas pelo corpo, nada de tosse.

— Tomás, me sinto tão bem!

Aí lembrei de Mara.

— Tomás, e minha companheira, como está ela? Já acharam meu corpo morto?

— Mara está bem. No horário de sempre foi vê-lo. Achando-o morto chorou sentida. Voltou e avisou os filhos, estes foram mas não o viram. Ali perto da cabana abriram uma vala e o enterraram. Bem, foi Mara que o pegou e o enrolou num cobertor e o colocou na vala, eles jogaram terra em cima. Mara pegou todos os pertences da cabana e fez uma fogueira. Queimou tudo o que lhe pertencia nos últimos meses para evitar o contágio. Depois voltou para casa triste e conformada. Mas Bernardino, não se preocupe, logo ela virá ter conosco.

— Tomás, alguém da família contraiu a doença? Mara está doente?

— Ninguém está com tuberculose. Mara está bem, desencarnará por problema do coração.

Nos primeiros dias que estava na enfermaria do hospital da Colônia dormi muito. Alimentava-me de sucos saborosos, caldos quentes, pães e doces. Fortalecia, sentia-me cada vez melhor, estava feliz. Levantava e andava pela enfermaria com muitos leitos, quase todos ocupados e conversava ora com um, ora com outro. Todos ali se convaleciam. Ia ao banheiro, tomava banhos em chuveiros que fui conhecer ali. Achei tudo maravilhoso.

Pude abraçar com alegria D. Ambrozina, que estava forte e juvenil, Mãe Benta, Tião, João e tantos amigos.

Um dia, Tomás me disse ao me visitar:

— Bernardino, prepare-se, logo Mara estará no leito ao lado. Sua companheira está desencarnando.

— Mara ficou doente? Ela sofre?

— Mara não está enferma, como já disse, sua desencarnação será rápida.

Aguardei ansioso a chegada dela. Horas depois foi com enorme emoção que vi colocarem Mara no leito ao lado do meu. A equipe de amigos, Tomás, Mãe Benta e João a trouxeram dormindo. Ela ficou adormecida por horas. Acordou e estranhou o local, observou tudo e indagou:

— Onde estou? Que lugar é este?

Levantei do meu leito, sentei no dela, peguei sua mão e disse:

— Mara, você está aqui comigo. Está num lugar muito bonito. Aqui é ótimo!

— Bernardino, como você está bem! Você sarou?

— Sim, sarei, estou sem dores e quase sadio.

— Mas você não morreu? Que faz aqui comigo? Não gosto de mortos. Estou sonhando? Que sonho estranho!

Parei, não soube responder. Tomás, que chegou naquele instante, veio em meu auxílio. Cumprimentou Mara.

— Oi, Mara! Como está?

— Mais ou menos, Tomás! Mas você também morreu há tanto tempo! Que faz no meu sonho? Está forte e jovem. Que engraçado!

— Mara, você não quer dormir um pouco? – indagou Tomás.

— Mas eu já estou dormindo! Que faço dormindo à tarde? Quero acordar! Tudo isto me é estranho!

— Mara – disse Tomás –, você não está dormindo. Nós não somos mortos, nossos corpos morreram e nossos espíritos vieram para cá. Você vai gostar daqui.

— Se não estou dormindo, se converso com vocês que desencarnaram, que aconteceu então? – indagou aflita.

— Lembra – disse Tomás –, você estava sentada na porta de sua casa. Sentia-se mal, dores no peito, não deu tempo para chamar ninguém. Lembra-se?

Mara arregalou os olhos, recordou e disse baixinho:

— Lembro, a dor no peito, depois dormi. Por que você afirma que não estou dormindo?

— É porque já acordou.

— Que aconteceu comigo?

— Seu corpo morreu como o meu e o de Bernardino – continuou a explicar Tomás, calmamente. – Nós a trouxemos, isto é, você sem o corpo morto, ou seja, seu espírito para cá. Entendeu?

— Entendi. Obrigada por tudo.

Abaixou a cabeça a chorar baixinho. Peguei novamente na sua mão.

— Mara, por que chora?

— Estou com medo.

— De quê?

— Do meu julgamento. Será que irei para o inferno? Parece que o céu é para os brancos.

Tomás e eu rimos.

— Mara – disse Tomás –, não há julgamento como nos ensinaram. Cada um ao desencarnar vai ter a lugares afins, que merece. O céu com anjos também não existe. Anjos são espíritos bons. Aqui é uma morada da casa do Pai. É tão lindo que se pode dizer que é prazeroso como o céu. Mara, Deus não separa seus filhos pela cor. Se isto a tranqüiliza, você já foi julgada e está num bom lugar. Julgada, porque lhe coube por afinidade o merecimento de um socorro. Aqui é tão lindo que podemos considerar o céu.

— Bernardino, você já viu Deus? Como Ele é? Branco?

Novamente foi Tomás quem respondeu, porque eu não sabia o que dizer.

— Mara, Deus é um espírito, é como a luz. Não tem forma humana, por isto não é branco nem negro. Nós não podemos ainda vê-Lo. Mas podemos senti-Lo. Ele está em toda parte.

Mara alegrou-se.

— Então não vou para o inferno?

— Não, você não vai.

— Se o céu é diferente de como pensava, o inferno é também? Ele existe?

— Temos lugares bons e ruins para viver depois de desencarnados. Como lhe ensinavam, o inferno não existe, porque não é eterno. Quem vai ter lá por afinidades, no local que chamamos de Umbral, fica só o tempo que necessita para que se arrependa de seus erros e peça perdão a Deus. Agora descanse, Mara, você necessita dormir para fortalecer.

Tomás lhe explicou e lhe deu um passe, ela se acomodou no leito e dormiu. Acordou ótima, levantou e juntos fomos ao jardim do hospital. Amigos vieram visitá-la e conversamos animados. Recebemos, dias depois, alta do hospital e Tomás nos levou para sua casa.

Encantei-me com tudo na Colônia Alegria. O próprio nome definia o que era ela. Colônia de porte pequeno naquela época, agora média. Linda, encantadora, rodeada de jardins e flores. Mara logo sentiu-se à vontade e indagava curiosa sobre tudo que via. Ela, que só fora, por poucas vezes, à cidadezinha perto da fazenda, estava deslumbrada com os prédios da Colônia.

Na casa de Tomás, moravam além dele, Mãe Benta, Isaías, filho de Tomás e Chiquinha, mulher de Isaías.

— Sejam bem-vindos! – disse gentilmente Chiquinha. – Já arrumei os quartos de vocês.

— Nunca vi casa assim tão linda! – exclamou Mara. – Que interessante, é só apertar o botão e se tem luz forte na casa.

Parecia uma criança vendo as novidades. Também me encantei com tudo que vi.

— Só não entendo que vocês chamem este lugar de Colônia. Aqui é um céu!

Rimos felizes. Tive um quarto só para mim e Mara um outro ao meu lado. À noite recebemos a visita de D. Ambrozina e Mara foi logo perguntando:

— Onde a senhora mora?

— Numa casa como esta, logo ali, disse apontando para o lado direito. Vivo com parentes. Trabalho no hospital.

— Trabalha? A Sinhá trabalha? – Mara indagou assustada.

— Trabalho, sim, e por que não faria? Aqui todos servem a comunidade. Você deve logo também assumir uma tarefa.

— Ai, Jesus! – exclamou Mara. – Não sei fazer nada, só cozinhar.

— Você não está se alimentando ainda? Digo ainda porque logo aprenderá a se alimentar pelos fluidos da natureza e não comerá mais. Mas estes alimentos que vê aqui são feitos por pessoas como você. Para começar poderá ir trabalhar na cozinha do Hospital.

— Ser útil, trabalhar aqui! Isto me deixaria muito feliz. Não gosto de ficar sem fazer nada – falou Mara feliz.

Também me preocupei.

— E eu, que irei fazer? Só sei lidar com animais e com a terra.

— Vê que lindos jardins temos aqui? Temos também hortas e pomares. Poderá trabalhar com a terra.(9)

— D. Ambrozina, agradeço-lhe mais uma vez. A senhora foi tão boa para conosco. Sou tão grato! Eternamente grato! Devo-lhe muito.

— Bernardino, meu amigo, eu que agradeço seu carinho. Você e Mara foram também bons para mim. Se me devia, já pagou. Não me diga que é eternamente grato. Eternamente é muito tempo.

— Eu não esqueço que, em vez de me castigar por ter fugido, a senhora conversou comigo, me ouviu e resolveu meu problema. Não teria conseguido viver sem minha família.

D. Ambrozina sorriu bondosamente.

— Você me encabula, o que fiz foi só um dever de todo cristão. Esqueça!

— Não posso esquecer. Pela bondade da senhora aprendi a ser grato. A gratidão cresceu e fortaleceu no meu peito.

— De fato, a gratidão é um sentimento lindo. Mas você já me agradeceu tantas vezes.

Notando que a encabulava, mudei de assunto. Mas era grato a Deus por ter me dado tantas oportunidades, tantas encarnações para aprender e a D. Ambrozina, esta amiga bondosa.

Logo estávamos trabalhando, Mara na cozinha do hospital e eu no jardim que o circunda. Trabalhávamos oito horas seguidas. Depois íamos para casa, descansávamos e íamos passear, conhecer a Colônia. Encantamo-nos com seus bos-

---

(9) N.A.E. – Estes trabalhos poderiam ser facilmente plasmados pelos orientadores das Colônias. Mas, para ter no que trabalhar, espíritos humildes, principalmente nos primeiros tempos, são dados a estas tarefas que aceitam com muita alegria.

ques, flores, com água limpa, com as casas, com seus prédios e jardins. Como fui deixando de dormir, quis trabalhar mais, porém D. Ambrozina nos convidou:

— Bernardino e Mara, vocês têm que aprender muitas coisas para mudar a forma de trabalho. Daqui a uns dias vocês vão para as oficinas de tecidos. Irão aprender a confeccionar roupas.

— Mas eu não sei, Sinhá, sou muita burra – disse Mara apavorada.

— Não diga isto, Mara. Você é inteligente, só que não aprendeu. É por este motivo que quero levá-los para conhecer a escola daqui e os convido a se matricularem. Irão aprender muitas coisas, entre elas ler e escrever.

— Eu quero! – disse eufórico. Ler e escrever é tudo que sempre quis na vida.

— Eu não – disse Mara –, acho que não consigo aprender. É muito difícil!

Com incentivos lá fomos Mara e eu para a escola. Nunca aprendera a ler e escrever na língua portuguesa, mas sabia bem em várias outras línguas. Logo que comecei a aprender, recordei e aprendia rápido. O mesmo não se dava com Mara. A coitada tinha dificuldades, eu estava sempre ajudando-a. Por estar adiantado, fomos separados da classe.

Esta escola é muito bonita, só para adultos. Estuda-se de quatro a seis horas por dia. Aprende-se a ler e escrever, conhecimentos gerais, matemática, geografia, etc. Também temos o estudo do Evangelho e Moral Cristã. Há sempre professores educados e atenciosos. No final do ano, na época do Natal, tem-se uns dias de férias. Gostei demais tanto da escola como de estudar. As escolas da Colônia são grandes e há muitos cursos. Este aprendizado simples ocupa só uma ala dela. As escolas são grandes, com muitos pátios e jardins.

Mudei muitas vezes a forma de trabalhar na Colônia. Aprendia tudo com muita facilidade. Mara temia sempre uma mudança, foi mudando, devagar. Esta mudança se faz por isto mesmo, para aprender de tudo.

Em três anos concluí o curso que para os encarnados se refere ao primeiro grau. Nessa época trabalhava de auxiliar de enfermagem. Como fiquei feliz em receber, numa festinha simples, o meu certificado.

Desde que aprendera a ler, passei a ler muito. A antiga paixão pelos livros voltara, só que agora lia bons livros. Lendo os livros de Allan Kardec e Espíritas entendi muito a mediunidade. Meu passado me perturbava. Por vezes chorei com medo de minhas faculdades, sabia que pelo abuso teria que tê-las e vencê-las.

— Bernardino, não se preocupe tanto, consolava-me D. Ambrozina. Estude bastante e volte preparado. Por que você não vai à Índia? Peça a seus superiores e volte a sua antiga Pátria para estudar. Não se foge dos problemas que nos atingem, temos que conhecê-los para vencê-los.

Fui ao Departamento encarregado, fiz o meu pedido e justifiquei o porquê. Obtive permissão para ir estagiar numa Colônia que fica no Plano Espiritual da cidade onde vivi anteriormente. Deixei Mara com os amigos. Parti confiante.

Todas as Colônias são encantadoras, a arquitetura daquela representava bem a Índia. Seus prédios pareciam castelos encantados. Trabalhava oito horas por dia nos seus diversos tipos de serviço e as outra dezesseis horas passava estudando, ouvindo palestras e conversando. Encontrei, para minha felicidade, o socorrista que me auxiliou, quando sofria na gruta. Continuei a chamá-lo de mestre e foi dele que ouvi os mais sábios conselhos. Ele me dizia sempre:

— Tudo o que aprendemos ou desenvolvemos pertence a nós; devemos nos esforçar para usar o que temos para o Bem. O abuso de um dom ou de um talento acarreta dor e sofrimento. Mas temos o livre-arbítrio para lutar contra nossos vícios e a vitória sobre eles nos dá sempre a verdadeira felicidade. Cabe a você somente, Bernardino, através deste dom que tanto teme, reparar o mal que fez e usá-lo agora para o Bem.

A Índia é maravilhosa. Depois de dois anos de permanência, quis voltar. Era no Brasil que tinha amigos e era no solo brasileiro que tinha esperanças de reencarnar. A Colônia Alegria me recebeu de braços abertos. Fiquei morando com meus amigos novamente. Agora Mara era só uma amiga, uma preciosa amiga. Ela parou de estudar, não quis aprender mais, somente trabalhava, continuava simples e bondosa.

Quis continuar estudando. Fiz um curso que a maioria dos meus amigos fizeram. D. Ambrozina falava dele com entusiasmo. É um curso de reconhecimento do Plano Espiritual.(10)

Por três anos, conheci lugares encantadores, muitas outras Colônias e Postos de Socorro. Vi também lugares onde a beleza está ausente, como o Umbral. Entendi como são os processos de reencarnações e desencarnações. Compreendi um pouco de todas as religiões, os processos obsessivos, a loucura e a cura pela fé, pelo Espiritismo. Conheci um pouco de tudo no Mundo Espiritual e como viver em espírito. Gostei demais desse estudo. Quando o curso terminou, voltei à Colônia e fui trabalhar no hospital com os enfermos em estado grave.

D. Ambrozina fez um curso que prepara para ser médium, encarnada, estava muito esperançosa.

— Quero reencarnar e ser novamente médium. Só que agora não quero deixar improdutiva a minha

(10) N.A.E. – Curso este descrito muito bem pelo espírito de Patrícia no livro *Vivendo no Mundo dos Espíritos*.

mediunidade. Quero ser útil e fazer o Bem com este dom sublime. Desta vez tudo nos é mais fácil. O Espiritismo surge com força total no Brasil, oferecendo a todos oportunidades de trabalhar para o Bem com a mediunidade.

— A senhora não teme falhar?

— Não. Falhar é algo que não me passa pela cabeça. Quero e vou vencer. Tenho tudo para isto. Preparei-me e tenho amigos que aqui estarão para me ajudar.

Logo D. Ambrozina reencarnou, seguiram-na Mara, Tomás e João. Meus amigos foram revestindo o corpo de carne, todos esperançosos e com uma tarefa planejada para cumprir.

Resolvi e obtive permissão para ficar no Plano Espiritual por mais tempo. Queria me preparar melhor, porque sabia que levaria ao meu corpo carnal as faculdades que desenvolvi e que teria que lutar comigo mesmo para usá-las para o Bem.

XI
Trabalhando

As frases que D. Ambrozina falou sobre o Espiritismo no Brasil me levaram a meditar muito. O Espiritismo veio para ensinar de maneira simples grandes verdades, principalmente a reencarnação – causa e efeito – e, para o médium, como trabalhar para o Bem com a mediunidade. Pensando muito nas vantagens de reencarnar entre os espíritas e ter desde criança seus preciosos ensinamentos, almejei isto para mim. Fui até o Departamento das Reencarnações na Colônia Alegria e fiz meu pedido.

— Daqui a três dias o senhor volta para saber a resposta – disse educadamente uma senhora que me atendeu.

Sabia que meu pedido ia ser estudado, como são todos os pedidos. No dia e hora marcados retornei ao Departamento e fui atendido por um dos seus orientadores.

— Boa tarde, sou Elenice – disse uma mulher moça ainda e muito simpática. – Sente-se, por favor.

— Meu pedido foi aceito? – indaguei curioso.

— Sr. Bernardino, poderá obter o que nos pediu, porém temos algo a exigir em troca.

Decepcionei-me tanto, que deixei transparecer no meu rosto. Algo em troca? Estranho. Mas esperei calmamente a orientadora Elenice explicar e ela o fez após uma pausa.

— Pedidos como estes são inúmeros por aqui. A educação num berço Espírita tudo facilita, principalmente para os que têm mediunidade. Não foi por isto mesmo que nos fez este pedido?

— Sim, é verdade. Acho que estou querendo privilégios sem merecer.

— E se fizer por merecer?

— Posso? Como?

— Trabalhando para a comunidade. Em prol dos irmãos que sofrem. O senhor poderá ter este privilégio como mesmo disse. Trabalhando por dez anos no Umbral como socorrista.

— Dez anos? Não é muito? – indaguei espantado. No Umbral? Por que lá?

— Há quanto tempo está desencarnado?

— Doze anos.

— Não passou rápido?

— Sim.

— Dez anos passarão também. O que são dez anos diante das oportunidades que terá no seio de uma família espírita?

— Não pensei que para reencarnar dentro do Espiritismo fosse tão complicado – disse com sinceridade.

— Você disse ser privilégio, eu digo que é merecimento. Quase todos que reencarnam no seio de um lar que segue a Doutrina Espírita têm merecimento. Poucos estão por motivos particulares ou estão ligados aos membros familiares.

— Orientadora Elenice, amo muito os ensinos de Allan Kardec, tenho a certeza de que se eu os seguir, não falharei na próxima vez que estiver encarnado. Aceito. Mas, me responda, todos os que fazem este pedido recebem igual tarefa?

Ela sorriu amavelmente.

— Não, Bernardino. Cada caso é estudado separada e cuidadosamente. Cada um dos pedintes recebe o que necessita. O senhor necessita aprender a servir, a amar a todos como irmãos, a fazer o Bem, a se importar com o próximo. Depois o senhor tem muitas qualidades para servir como samaritano. Já estudou, conhece o Umbral, tem facilidade para dominar o próximo, tem força mental.

— Quando deverei ir?

— Aqui está o cartão com a data marcada. Tem que ir ao Departamento do Trabalho e confirmar.

Olhei, teria que me apresentar dentro de dois dias no Posto de Socorro Esperança do Umbral mais Ameno. Não vendo empecilho, completei:

— Tudo certo. Obrigado.

Despedi-me e fui embora pensando. Cheguei a me indagar se valia a pena tanto sacrifício. Mas resolvi ir. Fui ao Departamento do Trabalho, acertei tudo e recebi uma carta de apresentação.

— Leve esta carta da Colônia aos Postos que servirá – disse um senhor que trabalhava.

Comuniquei minha decisão aos amigos, desocupei o quarto da residência em que morava. Viria agora só a passeio à Colônia.

Parti sozinho da Colônia para o Posto Esperança. Este Posto está situado no Umbral mais ameno, é grande e muito bonito. Em dez minutos cheguei, volitei até entrar no Umbral, depois caminhei rápido até o Posto. Toquei a sineta e esperei, logo uma abertura no portão se fez.

— Que deseja? – indagou o porteiro.

— Sou Bernardino. Aqui tem o meu cartão.

O porteiro pegou o cartão, olhou, devolveu-me e abriu o portão.[11]

— Seja bem-vindo, pode entrar.

Entrei e me apresentei ao diretor. Já conhecia o Posto Esperança, ele é redondo e todo cercado por muros altos. Em redor do muro do lado de dentro, há uma área, um pátio com canteiros com pequenas árvores floridas; são lindas as flores vermelhas e rosa-escuro que enfeitam a área do Posto. No centro do Esperança há um jardim com muitos bancos e um lindo chafariz. A água deste chafariz serve para beber. Os internos da casa, os que estão em condições melhores, vão passear neste jardim. Costumam sentar nos bancos que circundam o chafariz para conversar e admirar a beleza do lugar. Do centro saem todos os prédios: o da orientação, o alojamento dos trabalhadores da casa, salas de palestras, música, salão de orações, biblioteca, sala de refeições. Os outros prédios são os alojamentos dos internos, ou seja, o hospital com suas enormes enfermarias.

O diretor me recebeu alegre.

— Bernardino, estou contente, necessitamos muito de trabalhadores, embora seja curto seu tempo entre nós.

Minha programação no Posto Esperança seria a seguinte: três meses trabalhando dentro do Posto, seis meses saindo do Posto para socorrer irmãos do Umbral. Teria folga de quatro em quatro meses e quatro dias seguidos. Para mim, estava ótimo. Logo que cheguei, o Posto recebeu um grupo de vinte

(11) N.A.E. – Para que não entrem pessoas inoportunas, os Postos de Auxílio do Umbral têm estas cautelas. Casos como estes, de irem um a três trabalhadores que o Posto desconhece, exigem o costume de levar cartões de apresentação da Colônia. Mas estes portões também estão providos de um aparelho que detecta os fluidos das pessoas que querem entrar. Estas precauções são para evitar ataques.

socorridos. E me pus a trabalhar. Ali trabalhava de doze a quatorze horas por dia. Como não dormia, tinha muitas horas livres que passava agradavelmente na biblioteca, ouvindo palestras e conversando com amigos. Logo conheci e travei amizade com todos na casa.

Foi-me dado por trabalho a enfermaria L, de homens. Eram enfermos em condições de semi consciência, uns falavam, outros ficavam balbuciando palavras com os olhos arregalados. Ia de leito em leito, ajudava-os a tomar banho, a usar o banheiro. Depois os acomodava na cama e ajudava os que não conseguiam se alimentar, colocando alimento em suas bocas. Os que se alimentavam sozinhos ficavam fazendo companhia. Conversava com eles, ou melhor, respondia o que me perguntavam.

— Você é preto! Foi escravo? – indagou um senhor.

— Sim, fui.

— Agora serve a um senhor. Fui dono de escravos.

Pensei que talvez fosse por este motivo que eu, ex-escravo, estava em condições de ajudar e ele não.

— Não o conheço?

Ao me perguntar, observei-o bem. Foi com espanto que reconheci o Sr. Leônidas, o pretendente de Sinhá.

— Sr. Leônidas!

— Conhece-me, mas você não foi meu escravo.

— Não, fui de D. Ambrozina.

— Aquela ingrata que não me quis. Se ela tivesse me aceitado, talvez eu tivesse seguido seus passos de bondade e não teria sofrido como sofri. Porque, escravo, sofri muito.

— Mas – eu disse – e se tivesse sido ao contrário? E se como esposo, o senhor evitasse que ela fizesse o Bem?

— Tem razão. Não tinha boa intenção neste sentido.

— Tenho que ir. Até logo.

— Obrigado.

Deixei-o acomodado no leito e fui continuar meu trabalho. Mas não pude deixar de pensar que Mãe Benta tinha razão quando fez tudo para separar nossa Sinhá daquele homem.

Outro dia, fui cuidar de um homem que estava semiconsciente e vi que ele estava com as unhas enormes. Antes de banhá-lo, cortei suas unhas. Depois de alimentado, ao ajeitá-lo no leito, vi que suas unhas estavam grandes de novo. Fixei em suas unhas, depois em sua mente, quase sem querer, porque não estava ali para ler mentes e nem saber causas, mas sim para ajudar, para trabalhar. Vi a cena que ele via sem parar. Quando encarnado,deixava as unhas grandes e com ela atacou e matou sua avó por uma briga boba. Enforcou-a com as mãos depois de tê-la arranhado toda. Seus dois sobrinhos, que eram pequenos, viram o crime e ele fez a mesma coisa com os dois garotos. Deixando três cadáveres, fugiu. Ficou andando de uma localidade a outra e matou mais vezes, preferindo crianças de tenra idade. Depois, fugia sempre. Desencarnou e vagou pelo Umbral em sofrimento dezenas de anos. Mesmo agora, ali socorrido, não tinha a bênção do esquecimento. A visão que tive foi horrível, suas vítimas com expressão de terror, angústia, pedindo para não serem mortas pelo amor de Deus e ele frio, enforcando e unhando-as.

Deixei-o apavorado, não pude continuar meu trabalho. Saí da enfermaria e fui falar com o diretor da casa.

— Senhor – disse –, não posso continuar...

Contei o ocorrido. O diretor, calmo, me ouviu e depois me explicou carinhosamente:

— É natural você ter-se apavorado diante desta cena. Mas não vejo motivo para ter abandonado seu trabalho. Bernardino, quem de nós já não teve um passado de erros? Quem de nós não foi necessitado de auxílio e perdão? Este homem sofre há tempos, seu estado, quando veio para ser socorrido nesta casa, era bem pior: tinha o corpo perispiritual todo rasgado. Agora ao ver sem sossego seus erros, ele padece muito. Vamos, vou com você à enfermaria.

O diretor, com muita bondade, foi cortando a unha dele e colocando nas pontas dos dedos um algodão preso com esparadrapo.(12)

— Este algodão – explicou – está embebido numa substância medicamentosa que impedirá a unha de crescer novamente.

Quando o diretor começou a cuidar dele, olhei somente, depois entendendo a lição que bondosamente o diretor me dera: "Faça o Bem sem olhar a quem" – passei a ajudá-lo.

— Quem entre nós está isento de auxílio? – disse suspirando.

O diretor me olhou sorrindo. Muitas vezes tive de ajudar aquele senhor, era meu trabalho. Não o repeli mais, até que consegui ter dó dele. Melhorava devagar, sua recuperação seria lenta.

O tempo passou rápido, os três meses passaram e saí com companheiros a andar pelo Umbral. A equipe de socorristas do Posto Esperança fazia ronda a quilômetros do posto. A área era grande, mas o Umbral é mais ameno. Para melhor entender, o Umbral é chamado por nós de ameno e profundo.(13) A parte amena é mais clara, como um entardecer para os encarnados, isto durante o dia, à noite é muito escuro. Tem mais vegetação, água, o ar é menos pesado que no profundo. O Umbral denominado profundo é mais escuro, tem pouca vegetação, há muitas cavernas e abismos, há pouca água, é bem mais triste.

---

(12) N.A.E. – Materiais usados no Plano Espiritual, principalmente em locais de socorro, são quase sempre os que os encarnados usam. Ali estão enfermos muitos materializados.

(13) N.A.E. – Cada região tem um nome.

A equipe de socorristas, de seis a oito membros, é alegre. Vestem uma capa que cobre da cabeça aos joelhos; no peito, bordado em círculo pequeno, está o nome do Posto Esperança em bege-claro. Todos usam batas.

Saímos com equipamentos, uma mochila com cordas, lençóis, alimentos, água, lanterna e maca.

Logo na saída um grupo de arruaceiros, escondidos atrás de umas pedras, nos xingaram com palavras ofensivas e nos jogaram pedras. As roupas com capuz servem para isto mesmo, para nos proteger, porque muitas pedras nos acertavam. Senti levemente duas delas, sem contudo me prejudicar.(14) Continuamos andando como se nada tivesse acontecido. Cada vez que a equipe sai, vai para um lado, para que toda parte que cabe ao Posto socorrer seja visitada. Andamos horas, anoiteceu e a escuridão ficou total. Acendemos uma lanterna. Pela manhã chegamos aos arredores de uma cidade dos moradores do Umbral. A cidade era pequena, toda cercada de alto muro.

— Não vamos entrar. Vamos rodeá-la somente – explicou o chefe da equipe.

Os socorristas sempre, quando querem, entram nestas cidades. Não estou autorizado a dizer como, porque sendo publicado este escrito, até os moradores delas podem lê-lo. Mas para este evento – entrar lá para um socorro – no máximo vão três socorristas.

Ao redor destas cidades há sempre os necessitados de socorro, por dois motivos: os que vagam pelo Umbral tentam entrar nelas, pensando encontrar ali alívio para seus males; outro é que os chefes destas cidades jogam para fora os enlouquecidos e os coitados ficam ali ao redor perdidos.

---

(14) N.A.E. – Todo material que usam no Umbral é da mesma matéria do nosso perispírito.

Tive dó, embora tivesse conhecimento de que só pena não basta, é necessário ajudar. Fomos recolhendo os enfermos e colocando-os numa vala rasa. Um de nós ficava ali a vigiar e cuidando deles, ou seja, dando água, algum alimento, fazendo algum curativo. Enquanto que os outros iam ao redor de toda a cidade em busca dos necessitados de socorro. Éramos vigiados do muro da cidade.

— Eles sabem que estamos aqui – disse um dos companheiros.

— E não fazem nada? – indaguei.

— Como não estamos socorrendo alguém que interesse a eles, só ficam observando.

Durante todo o dia pegamos doze necessitados. A noite chegou e ficamos acomodados na vala. Passaríamos a noite ali.

— Não podemos caminhar de noite com estes irmãos. Amanhã iniciaremos a caminhada rumo ao Posto Esperança – disse nosso chefe, ou melhor, o orientador da equipe.

Colocamos todos os doze deitados um ao lado do outro e os circundamos. Três deles estavam completamente inconscientes, cinco semi conscientes e quatro lúcidos. Estes quatro estavam com um medo horrível e um deles nos pedia a todo instante:

— Socorram-me pelo amor de Deus! Tenho medo deles. São maus! Ajudem-me!

Não foi fácil passar a noite ali; acendemos duas lanternas e aguardamos o amanhecer. Para nos assustar, os moradores do local gargalhavam, gritavam, deixando apavorados os mais lúcidos. Foi um alívio para todos quando amanheceu. Colocamos os três que dormiam, em pesadelos horríveis, nas macas e os outros colocamos presos em nossas costas. Fiquei com dois deles. Por cima da capa amarramos, com cordas especiais, nas costas, um de cada lado. Não foi fácil, o peso era muito, a caminhada difícil e ainda revezávamos em carregar as macas. Paramos muitas vezes para descansar. A noite chegou, tivemos que acampar. Esta noite foi mais calma. Não é nada agradável passar a noite no Umbral. É longa e triste. Logo que começou a clarear, começamos a andar. Um socorrido falava sem parar, outros gemiam tristemente.

Só à tardinha chegamos ao Posto. Estava exausto, companheiros vieram ajudar os socorridos, nós fomos nos banhar e descansar. Após dois dias saímos novamente. Fomos pelas valas e morros em busca de irmãos necessitados.

Aguardei ansioso meus dias de folga. Quando estes chegaram, fui imediatamente para a Colônia. Depois fui ver os amigos que estavam encarnados. D. Ambrozina, certamente com outro nome agora, nascida no seio de uma família católica, já sentia sua mediunidade. O pai dela desencarnou e ficou ao seu lado. Sem saber que havia desencarnado, este senhor ficou ao lado da filha caçula, passando a trocar fluidos. Minha ex-Sinhá, com seis anos, estava fraca; a matéria, ou seja, o corpo sentia. Não pude ajudá-la. Ao ver o que ocorria, voltei rápido à Colônia e pedi autorização para ajudá-los. Foi-me negada.

— Bernardino, não podemos ajudar quem não nos pede ajuda. Este senhor foi médium e não trabalhou com sua mediunidade, simplesmente ignorou. Desencarnou preocupado com seus assuntos materiais e a eles ficou preso. Quanto à menina, ela sabia das possibilidades que iria sofrer como médium. Isto servirá de alerta à família, a mãe acabará pedindo ajuda a pessoas Espíritas.

— Coitada da minha Sinhá!

— Tudo o que passa agora será superado. Você, Bernardino, gosta muito deste espírito que ainda chama de Sinhá. Ter sido escravo o marcou muito?

— Escravo Bernardino... Sim, me marcou, aprendi muito. Cativo no corpo foi uma oportunidade de me libertar das ilusões da matéria. Aprendi a ser grato, a ter paciência e ser resignado. Para meu espírito foi importante esta encarnação, este período em que no corpo físico fui escravo. Embora médium, não exerci esta faculdade maravilhosa. A Sinhá se preparou para trabalhar no Bem com a mediunidade. Quero, também, após este trabalho que faço, estudar. Fica mais fácil, não é?

— Certamente que fica, estudar é conhecer, conhecer é dominar. Muitos espíritos reencarnam e pelo progresso recebem a mediunidade como conseqüência da transformação que teremos no terceiro milênio. É algo do corpo, de herança genética, porque no futuro será bem mais comum a mediunidade. Os que não se preparam desencarnados, ao exercerem a mediunidade encarnados, podem usá-la para o mal. Porque, Bernardino, estar encarnado é como estar num mar de fluidos heterogêneos e, sem preparo, pode-se sintonizar com as vibrações ruins, mais baixas. Outros, sem preparo, exercem sua mediunidade, porque a dor os leva a isto, sem ter o interesse de se aprimorar interiormente. Trabalham com ela tentando fazer o Bem a si mesmos, pois a mediunidade é sua grande oportunidade de aprender, de ajudar e de ter novos e verdadeiros conhecimentos. Já os que se preparam, reencarnam entendendo que se deve fazer realmente bem a si mesmo e ao maior número de pessoas. Sintonizando com o Plano Espiritual mais alto, ou seja, com os benfeitores desencarnados, com este intercâmbio, trazem ensinamentos mais amplos e auxílios com sabedoria. A mediunidade não é castigo como muitos pensam, é uma grande oportunidade de reparar erros, de crescer para o progresso, de se ajudar e auxiliar o próximo.

Emocionado, agradeci a preciosa lição.

Minha folga terminou. Voltei ao Posto Esperança mais incentivado a fazer meus dez anos de serviço e ter ao reencarnar um lar Espírita. Concluí que, se D. Ambrozina estivesse num lar Espírita, não estaria sofrendo aquela obsessão.

Visitei D. Ambrozina em todas as minhas folgas. Após um ano, a mãe cansada de ver a filha sofrer, e também padecer junto, procurou ajuda de pessoas Espíritas e o pai foi afastado. D. Ambrozina sarou e cresceu forte e sadia.

Continuei no Posto saindo com a equipe de socorristas, sempre demorando dias e voltando com muitos socorridos. Quando os seis meses terminaram, eu senti deixar o Esperança; parti sozinho para o Lar de Jesus, abrigo que fica no Umbral denominado, aqui por nós, como zona mais pesada, profunda. Mas levava uma grande esperança e vontade de aprender e servir.

XII
Aprendendo a fazer o bem

O Umbral agora era mais pesado, o ar putrefeito, a paisagem feia e triste, local onde há escassez de tudo, menos da dor e sofrimentos. Ia silencioso, as botas ajudavam a caminhar pelo terreno acidentado, dando segurança aos pés. Lembrei que, ao fazer o curso de Reconhecimento do Plano Espiritual, ao visitarmos o Umbral, um companheiro indagou a um dos instrutores:

— Que acontece se um de nós cair nestes penhascos?

— Com as botas que nos seguram ao chão temos mais segurança. Necessita-se ser cuidadoso. Mas se isto vier a ocorrer – cair – temos que subir novamente. Ou se volita até a altura que se deseja ou sobe-se pela encosta. Estando em grupo, um ajuda o outro. É por isto que andar sozinho pelo Umbral é para os que têm mais conhecimentos.

Sorri com as lembranças. Ali estava sozinho, mais cuidadoso. Não se costuma volitar pelo Umbral, o ar é pesado e as dificuldades para esta locomoção são grandes. Mas se pode fazer. Poderia ir de um Posto a outro volitando, porém não é recomendado. O melhor é andar mesmo.

Estava assim pensativo, quando quase tropecei num espírito que gemia tristemente. Abaixei-me para examiná-lo, quando um grupo de uns vinte arruaceiros começou a gritar e me cercou. Calmamente vibrei diferente e desapareci da vista deles. Aproveitando que eles não me viam, saí rápido do círculo. O que estava deitado, levantou-se e exclamou:

— Vamos mudar de brincadeira? Não pegamos um! Os que se abaixam para verificar desaparecem, quando vêem que caíram na armadilha. A maioria passa sem importar.

— Que pena! Este parecia alto e forte, seria um bom escravo. Não se consegue pegar nenhum dos que vão ao Posto.

De fato, não se sabe de nenhuma prisão de socorristas efetuada pelos irmãos ignorantes que seguem o mal, porque temos muitos recursos, como volitar e mudar a vibração que para eles nos torna invisíveis.

Cheguei ao Posto "Lar de Jesus". Fui recebido com carinho, já conhecia seu diretor ou orientador da casa, como é chamado por ali. Vicente há anos está na direção do Posto.

— Bernardino, que bom recebê-lo. Entre, por favor.

Sair do Umbral e entrar no Posto é como estar numa terrível tempestade e ser abrigado. O Lar de Jesus é pequeno. Tem quarenta leitos somente, e a parte reservada aos trabalhadores é mínima. Tem uma biblioteca, salão de prece, refeitório e uma sala para reuniões. São vinte trabalhadores, contando com os socorristas. Há um pequeno jardim de flores bem parecidas com as que existem na Terra, como hortênsias, cravos, palmas, que florescem o tempo todo pela mentalização de Vicente, para que o Posto fique mais belo. No centro há uma torre alta onde se pode ver tudo ao redor. O posto está guarnecido de baterias de defesas. Ele é sempre atacado. Ali não se produzem alimentos e nem se confeccionam roupas. A maioria dos Postos de Socorro recebem alimentos, roupas, remédios, tudo o que necessitam, das Colônias a que estão filiados. Tanto o Lar de Jesus como o Posto Esperança estão filiados à Colônia Alegria. O uniforme dos trabalhadores do Lar de Jesus é marrom. Só muda a cor. A capa é igual, com sua proteção útil.

Os socorridos ficam ali provisoriamente. São buscados, isto é, os socorristas saem em seu auxílio em cavernas, buracos e nas cidades existentes, ou núcleos dos irmãos ignorantes, no Umbral. Ali recebem os primeiros socorros. Uma vez por semana, uma condução – uma adaptação do aerobus – vem da Colônia com as provisões e leva os socorridos para as enfermarias da Colônia. Já no Posto Esperança, que é maior, isto não se dá; recebem provisões, mas só com exceções os enfermos são locomovidos. Os que se encontram melhores e os já recuperados e que querem vão à Colônia para estudar, trabalhar e até para conhecer. A primeira vez que vi a condução [15] indaguei ao meu orientador:

— Ela é atacada?

Ele sorriu e me esclareceu:

— Normalmente ao vir e voltar, dá a impressão aos que a vêem de uma bola luminosa. Mas, se por acaso isto suceder, não acontece nada. Ela é bem-feita e de material resistente.

Para saber notícias, usa-se a televisão e um aparelho mais moderno que o telefone para comunicar.

Trabalhei oito meses dentro do Posto. Depois saí com a equipe de socorristas, que é também chamada de samaritanos. Aqui se sai, no máximo, em quatro pessoas. Só em excursões com visitantes a equipe é maior.

Estas saídas às vezes duram dias. Ao regressar ao Posto temos horas de folga. Aproveitava as minhas, na biblioteca, lendo e estudando. Quando não encontramos nela livros que queremos ler, pedimos emprestado à biblioteca da Colônia.

---

(15) N.A.E. – Em cada região é conhecida por um nome: trem, ônibus, aerobus; onde Bernardino estava é chamada de condução.

Vi muitas tempestades. Os raios cortam o ar clareando por segundos. Ventos fortes carregam até espíritos de um lugar para outro. A chuva cai levando e limpando. O ar torna-se mais ameno depois destas tempestades. O pessoal do Posto sabe destas tempestades dias ou até horas antes. Avisam os socorristas que estão fora. Quando estes estão nas cidades trevosas[16], não se podem comunicar para não serem localizados. Estas tempestades também se dão nas cidades do Umbral.

Também há a tormenta do fogo. Este evento tem data marcada e todos os socorristas ficam no Posto. Mas se algum ficar onde há tempestade, o fogo não o queima. Tanto a capa o protege como ele aprende a neutralizar o fogo.

A primeira vez que vi fiz muitas perguntas:

— O fogo queima os espíritos que vagam?

Um dos socorristas, que fazia tempos estava ali, me respondeu gentilmente:

— O fogo passa devagar. Dá tempo de todos saírem e se abrigarem, porque o fogo passa por cima da lama onde muitos se abrigam. Dificilmente entra nas cavernas ou grutas, se entra é só por alguns metros da entrada, não aprofunda. Também não vai a cidades deles, ou seja, dos moradores do Umbral. Mas, se acontecer de queimar, os danos não são como o fogo para os encarnados; eles sentem, porém isto não se dá com os inocentes, pois, antes, tudo é vasculhado pelos socorristas. Todos os espíritos que estão no solo, arrastando-se, se não podem ser levados ao Posto, porque não é chegado o momento, e por não quererem o socorro, são levados para as grutas antes do fogo passar.

— Por que tem o fogo purificador?

---

(16) N.A.E. – Estas cidades são denominadas de muitas formas, todas elas têm nome próprio.

— O nome mesmo já diz, para purificar um pouco o local.

— O fogo não poderia queimar a cidade deles?

— Poderia, se quisessem. Mas o objetivo não é destruir e nem forçar ninguém, é somente purificar.

Tempos depois tive oportunidades de trabalhar para prevenir esta passagem do fogo. O orientador da casa recebe da Colônia, com antecedência, dia e hora marcada em que o fogo passará. Três dias antes, todos os trabalhadores da casa devem estar no Posto. A tarefa começa. Saímos para verificar todos os locais, socorrendo, levando espíritos para onde se podem sentir seguros. Vendo este movimento, os moradores desconfiam e tratam de se proteger. Só que, egoístas, entram em suas cidades e se trancam para ninguém entrar. Não adianta os que vagam buscarem socorro lá. Quando o fogo passa, tudo volta ao normal. Mas eles temem este fogo, algo que não dão conta de neutralizar. O trabalho é intenso, vinte e quatro horas por dia. Muitos dos que vagam no Umbral nos enfrentam neste trabalho, temos às vezes de nos defender. Porém quando vem o fogo, muitos deles se fazem de bonzinhos e vão ao Lar pedir abrigo. Estes não podemos socorrer. Aí vão embora xingando e normalmente se recolhem nas cavernas. Muitos pedem abrigo com sinceridade. Sempre se fazem muitos socorros, tanto que temos, às vezes, de locomover os enfermos, os abrigados, para o Posto Esperança. Onde o Esperança está o fogo não passa. No Umbral mais profundo, os abrigos são quase todos giratórios, isto é, muda-se de lugar. Mas o Lar de Jesus é fixo. Ali está há quase quatro séculos.

No Lar de Jesus continuei com o mesmo modo de trabalho, folga de quatro dias após quatro meses de trabalho. Nestas folgas costumava passar no Posto Esperança, onde via amigos, depois ia à Colônia Alegria e, após, revia amigos que estavam encarnados. Aproveitava para ver vídeos, ir a palestras, devolver livros que pegava emprestados na biblioteca e pegar outros. Aí voltava ao Lar de Jesus.

No começo, saía em socorro pelo Umbral com dois companheiros, depois com um e finalmente sozinho.

Naquele pedaço do Umbral em que trabalhávamos e que está sob os cuidados do Lar de Jesus, há uma cidade trevosa, chamada Vale do Sal. Nas primeiras vezes em que fui lá, fui com dois companheiros. Depois passei a ir sozinho.

Esta cidade é pequena, é chamada de Vila. E seu nome Vale do Sal, porque lá houve um feiticeiro que transformava espíritos desobedientes em estátuas de sal. Indignei-me com este fato e indaguei:

— Existiu mesmo esse feiticeiro?

— Sim, era o dono do pedaço, todos o temiam no Umbral. Chamavam-no de Rei Nono. Era estrangeiro, isto é, veio da Europa. Foram muitos os espíritos socorridos que davam a impressão de serem estátuas, duros, petrificados e brancos.

— Que fim levou esse feiticeiro, esse espírito?

— Foi doutrinado por um espírito bom, também conhecedor dos fenômenos e do grande poder mental. Sabemos que foi levado para uma escola, depois reencarnou.

— E as estátuas, isto é, os espíritos? – indaguei curioso.

— Foram recuperados após um tratamento, retornaram ao que eram.

— Todos?

— Sim, todos. Recuperados puderam escolher ser socorridos ou irem vagar. Todos ficaram conosco.

Não é fácil entrar e andar pela cidade dos moradores do Umbral. O Vale do Sal é bem protegido. Normalmente estas cidades têm laboratórios, salas de som, escolas onde aprendem maldades, a vingar, obsediar, etc. Bibliotecas com revistas e livros de má qualidade. O lugar é feio, prédios se amontoam, às vezes há luxo em excesso, predominando as cores berrantes, dando idéia de poder e riqueza.

A primeira vez que lá estive, foi para socorrer um espírito que pedia mentalmente socorro; arrependido com sinceridade ele estava preso na roda, um aparelho de tortura. Estava lúcido.

Chegamos e meu companheiro aproximou-se dele e disse baixinho:

— Calma, estamos aqui para ajudar você.

O socorro se deu e saímos da cidade, levando-o conosco.(17)

Certamente eles sabem destes socorros, mas não conseguem evitá-los. Algumas vezes, achando que foi socorrido alguém importante para eles, vêm atrás, atacam o Posto. Mas nada conseguem. Quem é socorrido, socorrido está.

Da segunda vez, fomos eu e outro somente. Socorremos uma mulher que era obrigada a prostituir-se. Ela era muito bonita. Ficou tão grata, que, logo que foi possível, se tornou uma socorrista, trabalhadora do Posto Esperança.

Também nós, os socorristas do Umbral, servimos de cicerone para companheiros que vêm para um fim ou serviço particular ao Umbral, como também a grupos que vêm para conhecer e estudar o local.

Muitas vezes fui ao Vale do Sal sozinho, sempre para socorrer alguém preso, escravos, espíritos que nos pediam auxílio mentalmente. Um dia um estudante me perguntou:

— Se alguém pedir falso socorro, preparar uma armadilha?

---

(17) N.A.E. – Infelizmente não posso narrar como foi feito. Depois que foram narrados alguns dados neste sentido, estes irmãos ficaram mais precavidos, dificultando o trabalho destes abnegados socorristas ou samaritanos.

— Primeiro a armadilha não serviria para nada, já que não podem nos prender ou prejudicar. Segundo, estes pedidos só nos chegam se forem sinceros, arrependidos e com fé.

— E os que estão lá, sofrendo revoltados?

— Um dia se arrependerão e pedirão socorro.

— Quando socorrem os inconscientes, como saber se estão arrependidos?

— Mesmo os que estão inconscientes têm tempo para serem socorridos. Conhecemos os que estão aptos. Estes são levados para os abrigos, mas ao acordar podem ter opção. Muitos saem dos abrigos e vão vagar, outros agradecem o auxílio e ficam. Estes que preferem sair são socorridos novamente mais tarde, quando estiverem prontos para isto.

Dez anos passaram depressa. Quando foi vencendo o prazo, senti-me feliz por ter feito a contento o que propus. Acabei por conhecer todos os pedaços daquela região do Umbral, todos os moradores, os que vagam e sofrem. Muitas vezes ajudando, ou dando água, falando a espíritos rebeldes que não querem ser socorridos. Quero explicar que todos querem se livrar dos seus males, das dores, mas poucos querem mudar para melhor, pedir perdão e perdoar, aceitar as condições de ordem, higiene e obedecer às normas de uma casa de socorro. A maioria quer continuar dizendo palavrões e blasfêmias. Assim ia até eles, conversava por minutos ou horas. Quando foi vencendo meu tempo, senti deixar tudo. Nesse período que lá estive, aprendi a amar aquele trabalho, a escuridão não me feria, habituei-me a me orientar nela, compreendi que ali era uma das casas que serviam de morada temporária a tantos irmãos.

Havia dois casos que naquela época cuidava com carinho. O primeiro era o de um dos moradores da cidade do Vale do Sal. Um dia ele, Charutão, como era chamado, veio me chamar.

— Ô do Cordeiro! Você aí! Quer me dar atenção?

— Pois não – respondi.

Este indivíduo aproximou-se. Era feio, alto, corcunda, com o rosto parecido com um animal, ou melhor, com um burro. Vestia calças e colete de couro enfeitado de correntes.

— Sei que é um dos trabalhadores do outro lado. Sei também que vocês são muito bobos. Não quero ofendê-los, mas dizem que trabalham por aqui a troco de nada. Recolhem e cuidam de infelizes que nem merecem. Já os vi recolhendo os inconscientes.

— Sim, é verdade – respondi.

Ele quietou por momentos. Depois sem jeito me disse:

— Não sei falar como devia, mas quero um favor seu.

— Diga o que quer.

— Tenho uma filha no Charco Cinco, sofre muito e não sei como ajudá-la.[18]

— Você não pode tirá-la de lá? – indaguei.

— Ela não me reconhece e tem muito medo. Vê-la sofrendo lá naquela lama me agoniza. Não quero levá-la para o Vale do Sal, ela é muito bonita. Não quero esta vida ruim para ela.

— Pensa que conosco ela estaria melhor? Por que não vem também para junto de nós?

— Eu não tenho jeito. Sou mau de natureza, nada mereço, mas ela é uma flor de menina.

— Vou ajudá-la.

— É... Bem... agradeço.

Gaguejou sem graça e se afastou. Pensei que, se ela fosse uma flor, não estaria ali. Mas fui ao charco e logo encontrei. Peguei-a pelas mãos e a tirei da lama. Levei-a

---

(18) N.A.E. – Charco Cinco é o nome dado a um local. O Umbral é repartido por nomes.

para uma gruta pequena. Este local era um mini-abrigo. Para lá levávamos espíritos que estavam quase aceitando um socorro. Na gruta, naquela época, havia seis espíritos. Ali ia duas vezes por dia, levava água, alimentos, conversava com eles. Eram todos conscientes. Aos poucos iam se arrependendo e muitos, após um período ali, podiam receber o socorro. Na gruta, limpei o rosto e as mãos dela, ajudei a vestir-se, porque suas roupas estavam em farrapos. Dei água e alimento a ela e a deixei num canto. Soube o que fizera ao ler seus pensamentos. Tinha horror do pai, que a separou do homem que amava e a obrigou a casar com outro. Foi infeliz, traiu o marido e acabou assassinando-o. Desencarnou numa briga com um de seus amantes, este a matou. Não se arrependia, tinha ódio, muito ódio do pai, do marido e do amante.

Conversava com todos ali, falava de Jesus, da necessidade de perdoar e ser perdoado, da vida linda em outros lugares. Charutão por muitas vezes a observava de longe. Dalila, assim chamava a moça, um dia quis o socorro, quis esquecer e perdoar. Levei-a para o Posto e de lá foi transportada para a Colônia. Seu pai, não a vendo na gruta, indagou:

— Senhor, aonde levou Dalila?

— Foi para a morada dos bons. Ela logo estará boa. Sabe que lhe perdoou?

Ele chorou.

— Como você se chama? Seu nome mesmo?

— Francisco.

— Nome bonito.

Ele foi embora, mas vinha sempre até mim para conversar. Estava quase doutrinado este espírito e eu sentia deixar o trabalho inacabado.

Havia oito espíritos na gruta, queria bem a todos, mas Magda era diferente. Ela se autopunia.

— Sr. Bernardino, não se preocupe comigo. Não me reço. Necessito sofrer. Não posso esquecer minhas maldades. Tenho que sofrer...

Conversava muito com ela. Negava-se ir para o Posto e ter um socorro.

No tempo certo deixei o Lar de Jesus. Despedi-me de todos com um abraço amigo. Depois foi a vez de despedir dos amigos do Posto Esperança. Fui à Colônia Alegria e me apresentei ao Departamento do Trabalho.

— Parabéns, Bernardino –, disse a trabalhadora que me atendeu. Dez anos de bom serviço. Agora, deseja estudar e preparar-se para a reencarnação, não é?

Pensei no Umbral, nos espíritos que lá deixei. Embora soubesse que outros socorristas me substituiriam, sentia deixá-los.

— Reencarnar? – indaguei distraído.

— Claro, trabalhou dez anos para obter o merecimento de um lar Espírita.

— Merecimento! Disse bem. Ao vir aqui pela primeira vez e fazer esta proposta, não pensei no bem que faria a mim mesmo ao ajudar o próximo. Como fui ajudado... pelos sofrimentos que vi, pelo socorro que ajudei a prestar, entendi a vida e lá tive o melhor ensinamento que necessitava. Aprendi a respeitar e amar a todos como irmãos, domei o meu orgulho, adquiri paciência, ganhei amigos e, o melhor de tudo, aprendi a fazer o Bem. E tudo que faço é sem esperar agradecimentos. Quem ganhou nestes anos fui eu, só eu.

A moça me olhava sorrindo. Após uma pausa, continuei:

— Aprendi a fazer o Bem... Sou realmente outro. Já não tenho medo de mim, do que possuo. Será que mais dez anos não me levariam a continuar a aprender? Por favor, quero revogar meu pedido. Quero trabalhar no Lar de Jesus por mais dez anos. É possível?

— Claro. Sabe bem que temos falta de trabalhadores naquela área. Mas aproveite seus quatro dias de folga e pense se é realmente isto que deseja.

Pensei bem e me senti feliz com minha decisão. Voltei ao Posto Esperança e fui recebido com vivas. No Lar de Jesus, com emoção. Senti-me alegre. A primeira vez que vim ao lar, estranhei a alegria deles, agora entendia. Era a felicidade de servir. Estar ali entre amigos era tudo o que queria. Recomecei meu trabalho com ânimo. Tempos depois consegui ajudar Magda a se perdoar e pude abrigá-la no Lar. Francisco foi-se tornando meu amigo, conversávamos todos os dias, até que, chorando, foi comigo ao Lar onde chegou envergonhado. Foi para o Posto Esperança, de lá foi levado pela equipe a um Centro Espírita para uma incorporação a fim de que fluidos de encarnados o ajudassem a voltar a ter a forma humana. Se não fosse levado ao Centro Espírita, iria demorar para recompor-se, incorporado foi questão de minutos.

Novamente servi os dez anos. Quando venceu o tempo, tinha tantos casos para resolver que fui adiando. Logo que resolver este irei, dizia. Mas outro aparecia e fui ficando. Mais dois anos passaram. Até que recebi um comunicado da Colônia, ou melhor, do Departamento do Trabalho. Pediam para me apresentar no Órgão para regularizar minha situação.

— Bernardino, você tem medo de reencarnar? – perguntou Vicente.

— Não tenho mais – respondi. – Aprendi a fazer o Bem e tenho esperança de me tornar bom. O trabalho no Bem é o melhor aprendizado que se pode ter. Sinto, com certeza, que poderei servir na carne, ser servo de Jesus.

— Se você tem que reencarnar, não adie mais.

Novamente despedi-me de todos. Amigo se ausenta, não se separa. Tinha muitos e grandes amigos. Todos me desejaram êxito e felicidades. Parti. No Departamento do Trabalho disse com alegria:

— Agora, vou estudar e me preparar para reencarnar.

Conheci Bernardino na Colônia Especial, que atualmente prepara indivíduos para serem médiuns encarnados.[19] *Por termos uma amiga comum, D. Ambrozina, nós nos tornamos grandes amigos e daí a contar sua história foi um passo. Narrou sua vida, quando numa tarde de folga estávamos sentados num banco do jardim da Colônia dos médiuns. E finalizou ele:*

— Quando reencarnar vou ser neto de D. Ambrozina, que agora está encarnada com outro nome. Serei filho de uma de suas filhas. A família toda é Espírita. D. Ambrozina é médium, trabalhadora, cumpridora de suas obrigações. Terei seu regaço de avó para me guiar na infância. E aí, quem sabe, poderei demonstrar minha gratidão. Antônio Carlos, estando aqui com você, tranqüilo e feliz, só tenho que ser grato a Deus, ao Pai Maior, pelas oportunidades que temos de aprender a Amar.

---

(19) N.A.E. – Infelizmente nem todos médiuns cursam esta escola.

Leia estes romances de sucesso psicografados pela médium Vera Lúcia Marinzeck!

Amai os Inimigos (espírito Antônio Carlos)
Noel, empresário bem-sucedido, é traído pela esposa. Na espiritualidade, recepcionado pelo próprio filho Gabriel, passa a entender o enredo de sua vida e as conseqüências da lei de causa e efeito

Em Missão de Socorro
(espíritos Guilherme, Leonor e José)
Três abnegados socorristas contam suas experiências em missões de resgate no Umbral, trabalho que exige muito amor e dedicação.

Véu do Passado (espírito Antônio Carlos)
Kim, garoto conhecido como "o menino das adivinhações", nasceu com a vidência aflorada e sempre vê a cena de sua própria morte. Na espiritualidade, vai compreender a origem de seu dom.

Escravo Bernardino (espírito Antônio Carlos)
História que retrata, com fidelidade, o período da escravidão no Brasil, contada pelos personagens que viveram na carne esse doloroso momento. Um romance emocionante!

O Rochedo dos Amantes (espírito Antônio Carlos)
Uma estranha história de amor acontece num lugar de nome singular: Rochedo dos Amantes. Intrigas, mistérios e disputas entre grupos de desencarnados estão presentes nesta obra.

Rosana, a Terceira Vítima Fatal (espírito Antônio Carlos)
Suspense, morte e o reencontro de Rosana e Rafael, na espiritualidade, depois de uma série de crimes misteriosos ocorridos em uma pequena cidade do interior.

O Pedacinho do Céu Azul (espírito Rosângela)
Livro que fala das brincadeiras, pensamentos e sonhos da garota Líliam, uma menina cega cujo maior desejo era conhecer o azul do céu infinito.

Leia os imperdíveis romances de Schellida!
Psicografia de Eliana Machado Coelho

Um Motivo para Viver

Raquel nasceu em uma fazenda numa pequena cidade do Rio Grande do Sul. Morava com o pai, a mãe, três irmãos e o avô, um rude e autoritário imigrante polonês. Na fazenda vizinha, seu tio Ladislau, a mulher e duas filhas. O drama de Raquel começou aos nove anos, quando então passou a sofrer os assédios de Ladislau, um homem sem escrúpulos, mas dissimulado e gozando de boa reputação na cidade. O tempo foi passando, até que uma dolorosa tragédia aconteceu e um grande segredo foi revelado, o que mudaria para sempre a vida de Raquel.

Sem Regras para Amar

Gilda é uma mulher rica, casada com o empresário Adalberto, mãe de Lara, Eduardo e Érika. Arrogante, prepotente e orgulhosa, ela sempre consegue o que quer graças ao poder da sua posição social. Mas a vida dá muitas voltas. Os problemas de Gilda começam quando Lara morre em um acidente automobilístico. Aumentam quando a filha Érika apaixona-se por João Carlos, professor em uma academia de musculação e... negro. Crescem ainda mais quando Eduardo envolve-se com Helena, moça simples e... humilde. Então, determinada a acabar com os dois romances de seus filhos, Gilda passa a colocar em prática seus planos para atrapalhar a vida de todos, assumindo os seus preconceitos racial e social. Instala-se naquela mansão a desarmonia e a obsessão que trarão conseqüências desagradáveis para toda a família.

O Direito de Ser Feliz

Fernando e Regina apaixonam-se. Ele, de família rica, bem posicionada. Ela, de classe média, jovem sensível e espírita. Mas o destino começa a pregar suas peças. Movido pela ambição material, Fernando decide ir trabalhar na França, caindo na rede sedutora de Lorena, uma prima que mora em Paris. Regina fica só. O tempo passa, e eles se separam definitivamente. Fernando fica com Lorena, Regina se casa com Jorge. Novos fatos vêm abalar a vida de todos os personagens desta envolvente história... Por quais caminhos devemos seguir para não cair nas armadilhas da própria invigilância, da imprudência, da traição e das amarras dos vícios que levam à autodestruição? Como encarar a solidão, sobretudo quando perdemos aqueles a quem mais amamos, e tendo ainda de enfrentar a dura realidade do câncer?

O Amor Enxuga as Lágrimas

Leia este romance emocionante do espírito Irmão Ivo!

Psicografia da médium Sonia Tozzi

Paulo e Marília, um típico casal classe média brasileiro, levam uma vida tranqüila e feliz com os três filhos, Fábio, André e Laís. Quando tudo parece caminhar em segurança, começam as provações daquela família: o garoto Fábio, após um período de internação para a cura de uma doença banal, vem a falecer de maneira quase inacreditável. Marília, a mãe inconformada, entrega-se ao desespero e à depressão, esquecendo-se do amparo aos outros filhos e ao marido. Nesse meio tempo, o casal Pedro e Laura, além do filho Marcos, aproxima-se mais de Paulo e Marília, tentando auxiliar na superação da tragédia. Porém, o pior estava por vir: Marcos, adolescente envolvido por más companhias, arrasta André para o mundo das drogas e do delito, trazendo mais problemas para todos.

Mas a espiritualidade nunca desampara seus filhos. Eis que surge a figura equilibrada e sempre companheira de Dr. Rubens, um experiente médico, espírita, amigo sincero de ambos os casais, que terá papel relevante na orientação espiritual do grupo e na recuperação social dos dois jovens, resgatando-os para uma vida mais produtiva. O resultado maior de toda essa união será a inauguração do Lar de Isabela, entidade assistencial às gestantes carentes que leva o nome da filha do médico, também desencarnada em tenra idade.

Você já leu as obras da médium Maria Nazareth Dória?

Amor e Ambição

Psicografia de Maria Nazareth Dória
Pelo espírito Helena
Loretta era uma jovem nascida e criada na corte de um grande reino europeu entre os séculos XVII e XVIII. Determinada e romântica, desde a adolescência guardava um forte sentimento em seu coração: a paixão por seu primo Raul. Um detalhe apenas os separava: Raul era padre, convicto em sua vocação. Loretta perde irremediavelmente o seu grande amor para a Igreja. Inconformada com seu destino, inicia sua vingança.

Um Novo Despertar

Psicografia de Maria Nazareth Dória
Pelo espírito Helena
Simone é uma moça simples de uma pequena cidade interiorana. Lutadora incansável, ela trabalha em uma casa de família para sustentar a mãe e os irmãos, e sempre manteve acesa a esperança de conseguir um futuro melhor. Em meio à rotina de suas duras tarefas, ela nunca deixou de estudar até conseguir o seu diploma. Vencida a etapa dos estudos, Simone, auxiliada por sua tia que mora na capital, vai em busca de seu destino. Presta concurso público para uma vaga em uma grande empresa estatal e, para sua surpresa, é aprovada entre as primeiras colocadas. Começa uma nova fase em sua vida... Instala-se definitivamente na capital, aluga uma casa, compra móveis e realiza seu grande sonho: trazer a mãe e os irmãos para a cidade grande. Porém, a história de cada um segue caminhos que desconhecemos. Mal sua família consegue se adaptar à nova vida e o prédio onde Simone trabalha é consumido por pavoroso incêndio, manchete em todos os jornais. Simone e outros tantos companheiros desencarnam e acordam na espiritualidade, prontos para viver uma outra experiência na eternidade.

Você já leu as outras obras psicografadas por Antonio Demarchi?

Do espírito José Florêncio:

O Homem que vendeu sua Alma

Do espírito Irmão Virgílio:

A Fonte da
Água da Vida

A Vida Ensina

O Sagrado Mandato

O Templo da Chama Sagrada

Além do Infinito Azul

Mansão dos Jovens

Crepúsculo de Outono

Longe dos Corações Feridos

Um romance imperdível!
Um enredo envolvente!

Obra do Espírito Eugene
Psicografia de Tanya Oliveira

Estamos em 1948. Após o fim da Segunda Guerra Mundial, dois militares americanos da Força Aérea vão viver emoções conflitantes entre o amor e a guerra. O governo dos Estados Unidos decide pela intervenção nas Filipinas. Joe Evans, arrojado e habilidoso piloto, é destacado para servir nesta nova empreitada ao lado de seu melhor amigo, Don Delmore, outro piloto capacitado, porém fanfarrão, mulherengo e ambicioso. A dor maior de Joe Evans é deixar nos Estados Unidos seu grande amor, a jornalista Laurie Stevenson, uma linda e inteligente mulher. Antes da viagem dos dois militares, Joe apresenta Laurie para Don no Baile dos Oficiais, o evento mais esperado na corporação. Imediatamente, Laurie sente uma estranha emoção no limite da atração e da repulsa. Começa aí outra vez um triângulo amoroso que trará à tona situações de um passado distante e que culminará com o desencarne prematuro de Laurie. Na espiritualidade, a história ganha um novo rumo com a ajuda do orientador Fernando, até o final surpreendente que esclarecerá todo o enredo deste envolvente romance. Para o espírito Laurie, não restará alternativa senão aceitar sua nova condição com renúncia e resignação até que todos aprendam o verdadeiro sentido da palavra perdão.

Impresso nas oficinas da
Gráfica Palas Athena